DICKSONN

La VÉRITÉ

sur le

SPIRITISME

et

L'EXPLOITATION

de la

CRÉDULITÉ PUBLIQUE

EN VENTE:

Dans toutes les Librairies,
et chez le Professeur DICKSONN

Villa du Sphinx, à ARNOUVILLE-LES-GONESSE
(Seine-et-Oise)

1917

La Vérité sur le Spiritisme

ET

L'EXPLOITATION DE LA CRÉDULITÉ

PROFESSEUR DICKSONN

D'après le cliché de la *Photographie Félix Bonnet*, 92, boulevard de Clichy, Paris.

Le Professeur DICKSONN
(A. de Saint-Genois)

LA VÉRITÉ
sur le
SPIRITISME
et
L'Exploitation de la Crédulité publique

EN VENTE :

Chez tous les Libraires,
et chez le Professeur DICKSONN, Villa du Sphinx
A ARNOUVILLE-LES-GONESSE
(Seine-et-Oise)

1917

Tous droits de traduction et de reproduction littéraires réservés pour tous pays.

S'adresser, pour traiter, au Professeur DICKSONN, Villa du Sphinx, à Arnouville-les-Gonesse (Seine-et-Oise).

AVANT-PROPOS

Lorsque l'idée m'est venue de faire paraître un volume dans lequel je ferais connaître la vérité sur le spiritisme, ce que personne encore n'a osé tenter, je ne me suis pas dissimulé l'aridité de la tâche que j'allais entreprendre.

Essayer de lutter contre les préjugés. Essayer de démolir des superstitions enracinées : C'est là un travail de géant, au-dessus des limites de la volonté. Et cependant, en présence des services que cela peut rendre à la Société, j'ai résolu de l'affronter.

J'ai voulu avoir l'honneur de donner au colosse le premier coup de massue destiné à l'abattre. Puisse ce premier coup être suivi de beaucoup d'autres et le résultat pourra être obtenu malgré la résistance du bloc.

La goutte d'eau qui tombe sur le rocher n'y laisse aucune trace apparente, mais le nombre répété de ces gouttes use les pierres et creuse un lit à la rivière.

« *Patience et persévérance font plus que force ni que rage.* » C'est par la patience que nous arriverons à triompher et les accès de colère que nous provoquerons chez nos adversaires contribueront à les vaincre, car nous avons avec nous la raison. Cette raison qui a été leur principal objectif. Cette raison dont ils ont cherché à s'emparer pour la pétrir à leur façon et lui imposer leurs théories basées sur des suppositions.

C'est cette raison qui, ramenée à son juste niveau, nous servira pour démontrer la fausseté de leurs affirmations, le truquage de leurs prétendues preuves, les dangers que leur réussite auraient fait courir à cette raison même.

Le spiritisme ne peut pas s'imposer, parce qu'il ne repose sur rien ; parce que son édifice n'a pas de base, parce que les exemples donnés par ses pontifes ne sont que des légendes de revenants, des jeux de déséquilibrés et que toutes les preuves matérielles qu'ils ont voulu donner ne sont que de grossières mystifications.

Comme tout ce qui touche au mystérieux a le don d'exciter la curiosité, que chacun est avide de soulever un coin du voile de l'inconnu, que cette grande question de l'après-mort se pose à tous les humains, des malins ont toujours cherché à exploiter ce mystère en le présentant sous différentes formes. De là la création de la doctrine spirite qui prétend non seulement décrire tout ce qui se passe dans l'au-delà (ce que personne n'est venu nous révéler), mais établir des communications directes entre les morts et les vivants. Comme ils ne craignent pas de démentis de la part de ceux avec qui ils affirment être en relations suivies, ils poussent l'audace jusqu'à la limite extrême.

Ce ne sont pas leurs conceptions que nous devons critiquer. Chacun a le droit de se créer l'idéal qui convient à son tempérament et de le façonner à son genre de vie pour procurer à celle-ci le plus de jouissances matérielles possibles. Mais si l'idéal de chacun doit être respecté, il n'en est pas de même lorsque ces conceptions veulent être réglementées et imposées aux autres pour les enrégimenter et les exploiter.

Nous devons avoir le respect de toutes les opinions et de toutes les croyances ; mais il faut être bien vil et bien lâche pour, sous prétexte de croyance, exploiter les sentiments de ceux qui sont dans la peine, et profaner la mémoire des êtres qui sont disparus.

A bas les masques, l'Éternité n'est pas une vaste agence théâtrale dans laquelle les Barnums du spiritisme vont engager des sujets pour mystifier les humains et vivre à leurs dépens !

AUX LECTEURS

En prenant pour titre de ce volume : *La Vérité sur le Spiritisme et l'Exploitation de la Crédulité publique*, mon intention n'est pas d'entrer en guerre avec les spirites, mais de placer sous les yeux du public impartial le résultat des observations et des nombreuses recherches que j'ai faites pendant ma longue carrière d'artiste.

Il est certain que j'ai et que j'aurai contre moi toutes les personnes qui ont intérêt à faire du spiritisme, et elles sont nombreuses.

En dévoilant leurs agissements, j'aurai cherché à empêcher les naïfs d'aller dans leurs officines troubler leur cerveau d'abord, et vider leur portemonnaie ensuite.

La Vérité sur le Spiritisme

HISTOIRE DU SPIRITISME MODERNE

Si la pratique d'évoquer les morts remonte à la plus haute antiquité, le spiristime tel qu'il est pratiqué aujourd'hui est essentiellement moderne.

Il a pris naissance en Amérique, en 1847, dans un petit village de l'État de New-York, sur les bords du lac Ontario.

A cette époque, le Docteur Fox vint s'établir à Hydesville avec sa famille, qui se composait de sa femme et de trois fillettes, l'une âgée de 16 ans, la seconde de 15 et la troisième de 12.

A peine le Docteur eût-il pris possession de son habitation que la quiétude de cette famille fut troublée par des phénomènes singuliers : coups frappés, meubles déplacés, mains se promenant la nuit sur la figure des deux plus jeunes enfants.

Après avoir accusé ses voisins, le Docteur Fox dut reconnaître qu'ils n'étaient pour rien dans la production de ces faits et leur présenter ses excuses.

La plus jeune des fillettes, dans son in-inconscience enfantine, se moquait de l'esprit invisible, qu'elle avait surnommé, on ne sait pourquoi : « Pied Fourchu ».

Un jour elle eut l'idée de faire claquer ses doigts en disant à l'esprit malin : Imite-moi; le bruit fut répété. M™⁰ Fox qui était présente dit : Tiens, il y a donc un esprit ici? Les coups se multiplièrent. Quelques voisins mis au courant se réunirent et l'on convint d'évoquer le mystérieux être invisible. Un des assistants eût l'idée d'employer l'alphabet, en prononçant successivement toutes les lettres ; lorsque certaines étaient prononcées un coup était frappé, semblant sortir de la table. On nota ces lettres, on eut des mots; on groupa ces mots, on eut des phrases. La communication avec les esprits était trouvée : c'est celle qui existe encore aujourd'hui pour communiquer avec eux.

Ces faits étant parvenus aux oreilles de l'autorité ecclésiastique, toute-puissante, celle-ci y vit un danger naissant, une sorte de concurrence future aux Religions, et le Pasteur interdit ces réunions.

Le docteur Fox s'inclina et déménagea avec sa famille pour aller se fixer à Rochester. Chose curieuse, les phénomènes déménagent avec lui et vont se reproduire dans sa nouvelle habitation. Là, nouvelle interdiction du Pasteur, nouveau déménagement de la famille Fox qui, cette fois, va s'établir à

1.

New-York, où ces prétendus phénomènes la suivent.

Dans la grande ville le droit de cité est acquis et de tous les coins de New-York les curieux affluent pour assister aux phénomènes de miss Fox, une névrosée qui, plus tard, devait avouer ses mystifications et ses fraudes. Bien que ces aveux soient gênants pour les spirites, ils existent et constituent un témoignage accablant contre eux, témoignage d'autant plus puissant qu'il remonte à la source, à l'origine de cette mystification mondiale.

Des cabinets concurrents s'ouvrirent un peu partout. Le spiritisme lancé traversa l'Océan, vint en Angleterre, en France, etc., etc., pratiquer son influence néfaste sur les cerveaux faibles et augmenter le nombre des aliénés.

Allan KARDEC
(1804-1869)

———

Le propagateur, en France, de ces manifestations, fut un nommé Rivail (Louis-Hippolyte-Denizard), né à Lyon, en 1804, catholique, mais résidant dans un canton protestant en Suisse ; il eut à souffrir d'actes d'intolérance tels qu'il rêva d'unifier les croyances, mais comment ?

Les nécessités de l'existence le forcèrent à exercer successivement plusieurs professions, parmi lesquelles celle de directeur de théâtre. Il dirigea un moment à Paris le petit théâtre Marigny, fondé par le prestidigitateur Lacaze.

Un jour, en mai 1855, il assista, rue Grange-Batelière, à une séance de *Tables tournantes et parlantes*. Ce fut une révélation pour lui.

Il prétendit alors que les esprits s'étaient manifestés à lui et lui avaient appris qu'il avait vécu une existence antérieure sous le nom d'Allan-Kardec, qu'il devait désormais être l'apôtre du spiritisme. A partir de ce moment, il se mit à l'œuvre et commença une propagande effrénée.

Bien qu'il ne possédât qu'une instruction très sommaire, il publia successivement : *Le Livre des Esprits ; Le Livre des Médiums ; L'Evangile selon le Spiritisme ; Le Ciel et l'Enfer ; La Genèse, les Miracles et les Prédictions selon le Spiritisme*.

En 1858 il fonda *La Revue Spirite*, qui est encore aujourd'hui l'*Officiel* des adeptes de cette religion nouvelle. Religion qui cherche à se substituer aux autres en proclamant les réincarnations successives des âmes jusqu'à ce qu'elles arrivent à la perfection.

L'âme arrivant au suprême degré, ou pur esprit, jouit alors d'un bonheur éternel... et en avant la musique !

Certes, les écrits d'Allan Kardec ne manquent pas de logique et son roman est attrayant pour le lecteur, sa conception est originale ; mais rien ne vient à l'appui de ses bizarres théories qui restent dans le domaine des suppositions et des utopies.

Elles sont toutes la réédition de la doctrine hindoue, et Allan Kardec n'a pas eu le mérite de l'invention. Il s'est contenté de reproduire ce qu'il a trouvé dans des publications antérieures.

Malgré cela il affirme « sérieusement » que ses écrits lui furent dictés par les esprits de saint Jean, de saint Augustin, de Socrate, de Platon, de Fénelon, etc., etc., qui lui ordonnèrent de les publier, sans faire attention aux railleries dont il serait l'objet.

Il a, grâce à ces écrits, à une propagande

énorme et à un battage continuel fondé, en France, un groupement important composé de farouches sectaires. Mais les Anglais et les Américains ne partagent pas sa manière de voir et le traitent de charlatan. C'est en effet tout ce que mérite ce personnage dont l'importance est aussi exagérée que son ambition a été grande.

Dans le procès des spirites, le 18 juin 1875, le président de la septième chambre correctionnelle de la Seine, s'adressant à la veuve d'Allan Kardec, exprimait ainsi son opinion sur lui :

Tout ce que votre mari a mis dans ses livres a été extrait de vieilles productions parues bien avant lui. Nous n'aimons pas les gens qui pillent les autres ouvrages pour s'approprier ce qu'ils contiennent et ce que d'autres ont inventé avant eux.

(*Gazette des Tribunaux*, 19 juin 1875).

Quant au mage P..., son disciple, il a déclaré devant des témoins, aux Sociétés savantes :

Tant que l'humanité existera il y aura des naïfs à exploiter, autant que ce soit moi qui en profite qu'un autre.

Les commentaires sont, je crois, superflus.

CABINETS SPIRITES

Aujourd'hui il existe, dans les grandes villes principalement, une grande quantité de cabinets de médiums où, à jours fixes, à heures fixes, à entrées payantes, comme au théâtre, des séances sont données. Chaque fois que la recette est assurée, les esprits sont disposés à se manifester.

Dernièrement je recevais une invitation ainsi conçue :

SANCTUAIRE DU FAKIR X.....

Séances tous les Mardis à 8 h. 1/2 du soir

Là
On retrouve ceux qui ont quitté la terre.
Les maladies sont soignées et guéries.
Les désespérés encouragés.
Les peines de cœur adoucies.

Prix pour une séance.	3 fr.
Abonnement pour un mois. . . .	10
— pour une année. . .	90
Séance de matérialisation.	20
Séance particulière d'incarnation.	25

Je résolus de m'y rendre en conservant l'incognito le plus absolu. J'attendis donc le mardi et pris la direction du sanctuaire, situé dans le voisinage du Sacré-Cœur de Montmartre.

LE SANCTUAIRE

Pour être admis à ces séances spirites il faut être muni d'une carte d'invitation. Après avoir montré patte blanche, répondu à plusieurs questions et acquitté un versement de 3 francs, on pénètre dans le temple, ce que je fis.

Qu'on se figure une salle assez grande. Au fond une sorte de chapelle dans laquelle se trouve la statue du "*Roi David,*" tenant sa lyre, et revêtu du costume primitif d'Adam. Devant la statue des cassolettes dans lesquelles brûle de l'encens. Comme ornementation : des fleurs. L'ameublement se compose de sièges et d'un trône sur lequel est installée une familière du sanctuaire : la Comtesse, comme on l'appelle en ce lieu. Celle-ci, sommairement vêtue, prétend être la réincarnation de Cléopâtre et de Lucrèce Borgia dont elle possède, dit-elle, tous les vices. Elle est, plus prosaïquement, le..... commanditaire, la bienfaitrice de..... l'œuvre.

Un pharmacien et un abbé authentique forment l'état-major.

On fait entrevoir aux familiers la possibilité de tirer des capitaux de certaines inventions ou opérations, telles que : le piano à odeurs, philtres, remèdes à tous les maux, poudre à succession, fabrique de peaux de mérinos, etc., etc.

Un grotesque prétend même avoir fabriqué un aimant magique avec lequel on pourra « pulvériser les boches ».

Pour nous rendre compte de ces séances, lisons le règlement :

Avant la séance, lecture, musique et prière. On est instamment prié de ne pas causer au médium lorsqu'il est entrancé? Le médium s'endormant seul n'est au service d'aucune influence terrienne. Les personnes désirant des renseignements sur les leurs ne doivent pas prévenir le médium, mais la direction de la séance. Sous aucun prétexte on ne doit demander des noms pas plus que rechercher des preuves, les esprits se nommant eux-mêmes et se faisant connaître. La curiosité éloigne toute vérification. Il n'est pas permis de tutoyer les esprits, à moins d'avoir eu avec eux cette familiarité sur terre. Lorsqu'un esprit va, lui-même, questionner une personne de l'assistance, il est, pour ce cas seulement, permis de converser, mais peu, afin d'éviter la fatigue.

Après les préliminaires d'usage le Mage s'endort; un des invités s'étant mis au piano, le médium danse un tango endiablé et tombe en catalepsie (?). Après quelques passes exercées, sur lui, par la présidente et destinées à le réveiller, les évocations commencent. Successivement le Mage se livre à une série d'imitations, puis il personnifie les trépassés.

On assiste à une consultation grotesque de feu le docteur Péan, à l'audition de Litz au piano, à des improvisations de Lamartine et à une consultation de Naquet, l'auteur de la loi sur le divorce. La crédulité est tellement grande et la bêtise si forte que les assistants ne font pas la remarque que Naquet, à ce moment, était encore vivant, remarque qui leur aurait fourni la preuve de l'imposture.

Enfin la séance est levée et, comme j'avais reconnu en la personne du mage un ancien chansonnier de Montmartre, je résolus de me faire connaître et voici ce qu'il me dit :

Que voulez-vous, les temps sont durs, la vie est chère. On s'arrange comme on peut. Mais, c'est égal, quand j'ai ouvert mon cabi-

nel spirite je ne me figurais pas que je trouverais tant d'imbéciles pour le fréquenter.

Un soir, vers minuit, comme la séance habituelle se terminait, un monsieur demanda à causer avec le médium.

— Je voudrais, lui dit-il, savoir si l'affaire que j'ai en train va réussir.

— Certainement, et avant peu, répond le médium.

— Vous avez raison, reprend l'interlocuteur, l'affaire a réussi, car je suis monsieur Vallet, chef de la sûreté, chargé de vous conduire au dépôt.

Voyons maintenant le compte rendu publié par le *Petit Parisien* sur la fin du sanctuaire.

LA FIN DU SANCTUAIRE
EXTRAIT DU « PETIT PARISIEN »

Pendant plusieurs mois la police surveilla les agissements de certains individus qui, sous prétexte de « séances spirites », étaient parvenus à capter la confiance de dames âgées et fortunées dont ils exploitaient la crédulité.

Ils avaient fondé une sorte de temple où plusieurs fois par semaine, en présence de vieilles dames dont il s'agissait de soutirer les écus, avaient lieu des séances nocturnes d'une grotesque fantaisie macabre.

Le fakir était vêtu d'un court pagne, les vieilles dames étaient voilées ; de l'encens brûlait ; des veilleuses multicolores jetaient de vacillantes lueurs. C'est dans ce décor que les esprits venaient s'incarner dans le corps terrestre d'un fakir, qui donnait également des spectacles de tableaux vivants scandaleux dans les salons privés de la plaine Monceau. Un jour le juge d'instruction troubla la fête et arrêta le fakir.

COMMENT ON AMORCE LES NAIFS

Récemment encore il n'y avait qu'à ouvrir les journaux quotidiens, le jour des annonces économiques, pour être étonné du grand nombre de somnambules, voyantes, guérisseurs, qui font appel à la crédulité publique.

A côté de la vieille sorcière, retirée de la vie galante, qui tire les cartes, nous y trouvons le mage, ancien prestidigitateur, qui fait les horoscopes et guérit les maladies, en attendant que la police correctionnelle lui demande des comptes sur sa façon d'exercer illégalement la médecine.

Parmi ces annonces je relève :

Voulez-vous chasser le mauvais sort jeté, posséder l'idéal de votre existence en tout et pour tout, amour, santé, richesse, vengeance, écrivez au sorcier X. — Livre gratis.

Bien bizarre ce sorcier qui vend le moyen de faire fortune et qui ne s'en sert pas pour lui. Faut-il être assez naïf pour lui envoyer son argent !

Et au point de vue moral, comment trouvez-vous ce sorcier qui vend le moyen d'exercer la vengeance ? Pratique-t-il nos belles maximes : Aimons-nous les uns les autres. — Rendons le bien pour le mal.

Et cette autre :

Madame C..., ci-devant à Paris et au Raincy, la plus célèbre somnambule de France, fixée dans sa propriété de B... Ne traite que par correspondance. Prix modérés. — Fait réussir tous projets. — Pas de duperie.

Celle-ci, au moins, laisse entendre que ses collègues dupent, en faisant remarquer qu'elle... elle ne dupe pas.

Ne voulant pas perdre son temps inutilement elle ne reçoit même pas ses clients et ne traite que par correspondance. Confortablement installée dans un fauteuil elle attend le passage du facteur, dépouille le courrier, groupe les mandats et prépare la récolte des poires : C'est un perfectionnement sur l'élevage des lapins à la campagne.

PHILTRES ET TALISMANS

Sciences maudites. — Eau fatale

Voici un sorcier qui offrait pour 14 francs *Les Sciences maudites* et qui donnait en prime un flacon « d'eau fatale », préparée, dit la brochure, selon les rites des mages sacrificateurs. Elle est la quintuple essence des fluides magiques, et le seul moyen d'attirer dans un endroit déterminé les méchants esprits.

Trois gouttes dans le feu chassent le malin de la maison ;

Trois gouttes sur un ménage uni préparent la désunion et le divorce ;

Trois gouttes sur quelqu'un apportent la guigne noire.

L'acheteur devait s'engager, sur l'honneur, à ne pas révéler les secrets des sciences maudites. Sans doute pour éviter une pénurie d'acheteurs.

Ce sorcier Jean T..., qui se faisait appeler aussi : Occultus, le sorcier rouge, Moorys, Nestor, Cagliostro, etc., etc., vendait également des talismans, des philtres tels que : la myrrhe sacrée, mon étoile, la poudre du dolmen, la chaîne d'amour, la plume du thaumaturge, etc., etc.

Vingt-quatre brochures, de couleurs variées, vendues un prix modique, donnaient la manière de les porter ou d'obtenir d'eux ce que l'on désirait. Les plaintes affluèrent et M. Bourgueuil, juge d'instruction, fut chargé de suivre cette affaire.

T... déclara, pour sa défense, qu'en vendant du bonheur aux désespérés il se considérait comme un *bienfaiteur de l'humanité.*

Le catalogue de ses talismans est assez suggestif ; nous y lisons :

Lait de feuilles d'asperges . . . 3 fr.
Cœur ou pied de taupe . . . . 2 fr.
Crottes de rat . . . . 2 fr.
Pied ou cœur de vautour . . . 5 fr.

Quant à la correspondance saisie, je donnerai comme exemple cette lettre :

5 Décembre 1915.

D'après le livre du grand œuvre que vous m'avez envoyé, il est dit qu'un jaune d'œuf enterré avec de la sueur de la personne et soudé avec du parchemin vierge suffit pour provoquer un maléfice de mort.

Veuillez bien m'en envoyer un morceau suffisant.

Le tribunal a condamné ce sorcier à quatre mois de prison.

Après avoir purgé sa peine, il se remit au travail et prépara un volume : *L'Art de s'enrichir*, qu'il allait lancer au moment où une embolie mit fin à ses jours et protégea ainsi beaucoup d'acheteurs qui auraient été soulagés de quatre francs, prix du volume.

Le tribunal de la Seine a récemment condamné un escroc qui, profitant de la guerre, vendait aux soldats se rendant au front un talisman qui, porté sur eux, devait les protéger contre les balles et les éclats d'obus. Son commerce était si prospère que, d'après l'expertise ordonnée par le tribunal, il a été établi que cette opération lui avait rapporté plusieurs centaines de mille francs.

Tous les jours nous voyons des commerçants annonçant la vente de bijoux qui, d'après leurs promesses, doivent assurer le bonheur aux acheteurs crédules. Si la marchandise fournie répond au prix de vente, le mal est minime : mais si le pouvoir occulte attribué au bijou-talisman entre en ligne de compte dans ce prix, l'escroquerie est évidente.

Dans le cas où la malchance poursuivrait l'acheteur, celui-ci aurait le droit de porter plainte, contre le vendeur, pour escroquerie.

SOMNAMBULES

Chez la somnambule qui possède l'art de construire des phrases à double entente, on remarque toujours la prédiction qui s'accomplit, mais on oublie totalement les autres.

Il est certain que si nous allons consulter une pythonisse en lui demandant de ne nous fixer que sur des événements qui devront se produire dans le courant de l'année, que nous notons les demandes et les réponses, et qu'à la fin de l'année nous passons en revue toutes les prédictions, nous serons surpris par le petit nombre de celles qui se seront réalisées et dont la quantité sera inférieure aux probabilités des chances de la roulette de Monte-Carlo, ce qui est maigre.

Si, d'un autre côté, nous allons le même jour, consulter plusieurs somnambules, nous remarquons que notre avenir n'est pas le même chez l'une que chez l'autre, mais que l'art de soutirer l'argent du pauvre gogo est pratiqué d'une façon uniforme chez toutes.

Le cabinet d'une somnambule de marque est d'ailleurs curieux à étudier et quelques-uns n'ont rien à envier comme truquage aux organisations les plus perfectionnées.

En dehors des annonces publiées dans les quotidiens, des prospectus envoyés à domicile par la poste, un service de rabatteurs fonctionne pour recruter les clients. Des visites discrètes faites chez les concierges, auprès des femmes de chambre et des cuisinières, lorsqu'elles vont aux provisions, permettent de leur offrir des remises pour qu'elles engagent leur maîtresse à aller consulter la célèbre X... et ces intéressés ne sont pas les derniers à fournir des renseignements qui serviront au bon moment.

Certains cabinets renommés possèdent un service de fiches très complet, où figurent des milliers de personnes et au moment opportun ces fiches, consultées secrètement, permettent de préciser les faits qui doivent agir puissamment sur le cerveau des consultants.

Quelquefois le salon d'attente est séparé du cabinet de consultation par une cloison au milieu de laquelle se trouve une glace d'apparence ordinaire, mais qui est étamée au « platine », ce qui permet à la sorcière de voir à travers cette glace dont le tain disparaît pour elle, lorsque la somnambule est plongée dans l'obscurité d'un réduit ménagé derrière, réduit situé entre son cabinet et le salon. Postée derrière ce miroir, la pythonisse voit, sans être vue, observe et étudie ses proies.

Quelquefois plusieurs clientes attendent leur tour et l'une d'elles est là pour engager la conversation et recueillir des tuyaux. Lorsqu'elle a suffisamment recueilli d'éléments sur ceux qui attendent, elle les communique à sa complice.

COMMENT ELLES DÉBUTENT ?

Un jour, un de mes amis, B..., horloger, habitant une localité des environs de Paris, vit entrer chez lui une de ses clientes, qui lui demanda de lui indiquer le numéro de la maison, dans sa rue, où habitait une somnambule ; mais mon ami ignorait totalement ce voisinage. C'est avec curiosité qu'il suivit du regard la visiteuse, lorsqu'elle partit et qu'il la vit entrer dans une maison où elle resta.

Le lendemain M. B... se rendit ch la concierge de cette maison et causa. A partir de ce jour il observa un curieux manège.

En effet, une somnambule exerçait son métier au deuxième étage de cet immeuble, et chaque fois qu'une personne venait la demander, la concierge avait pour consigne de dire qu'elle était en course dans le quartier et ne tarderait pas à rentrer. Puis, elle conseillait à la visiteuse d'attendre, lui offrant, en attendant son retour, de s'asseoir dans sa loge.

Que peuvent faire deux femmes, dont l'une est concierge et l'autre attend la somnambule ? Bavarder ! Or, nos femmes bavardaient et bientôt la concierge en savait long sur les tenants et les aboutissants de sa compagne ; sur ses ennuis, ses inquiétudes, ses peines.

Pendant cette conversation, une gamine de 14 à 15 ans, à laquelle on n'attachait aucune importance allait, venait dans la loge, faisait le ménage, allant de temps en temps secouer son chiffon dans la cour. En réalité, cette enfant servait d'agent de liaison entre la concierge et la somnambule qui attendait patiemment chez elle les renseignements qu'elle lui montait. Lorsque le tuyautage était suffisant, la concierge, prévenue par un signe, annonçait le retour de la voyante.

Profitant des renseignements qu'elle tenait par correspondance, de sa cliente elle-même, la sorcière lui donnait une consultation magistrale et la visiteuse, complètement bouleversée, quittait le cabinet pour aller proclamer partout le pouvoir surnaturel de l'extralucide.

Quant à l'enfant, l'agent de liaison, elle eut un trait de génie, une inspiration, elle mit à profit cet enseignement, quitta la loge et alla s'établir à son compte à Paris, sous le nom d'un ange céleste. Tout Paris défila dans son modeste appartement de la rue P...

Parmi ses prédictions les plus célèbres, nous lui devons celle du prochain rétablissement de..... la Royauté en France ! Oh bêtise humaine, où vas-tu ??...

MADAME DE THÈBES

Au commencement de la guerre les camelots criaient dans Paris :

— Demandez les prédictions de Madame de Thèbes — dix centimes — deux sous.

Comme les autres, j'ai acheté les prédictions en question, en voici la reproduction :

PRÉDICTIONS DE MADAME DE THÈBES

Mort de Guillaume, 29 Septembre 1914.
Révolution à Berlin, 2 Octobre.
Entrée des Français à Berlin, 22 Octobre.
Fin de la guerre, 7 Novembre.
Durée de la guerre, 3 mois et 5 jours.

Or, aucune de ces prédictions ne se réalisa. Un journal interwieva la voyante, nous la laissons parler :

Voulez-vous maintenant, me dit madame de Thèbes, comme je prenais congé d'elle, me permettre un mot personnel ?

On a vendu dans toute la France et on vend encore des prophéties absurdes dont on m'attribue la paternité. Voulez-vous dire qu'en dehors de mes almanachs, je n'ai rien publié de ce genre, ni en feuilles ni en brochures, — que tout ce qu'on vend sur la voie publique est apocryphe et que j'en rejette purement et simplement la responsabilité.

Comment se fait-il que madame de Thèbes ait attendu pour faire cette déclaration que les prédictions, vendues sous son nom, ne se soient pas réalisées ? Pourquoi n'a-t-elle pas déposé, dès leur apparition, une plainte contre la personne qui se servait de son nom ?

Si ces prédictions s'étaient réalisées, madame de Thèbes aurait-elle désavoué cette paternité ? Non : elle aurait été la triomphatrice du jour. Mais, comme elles étaient fausses, un désaveu s'imposait.

Ce fut une bien curieuse figure que cette madame de Thèbes, de son véritable nom : Anna-Victorine Savigny, qui s'est éteinte à 72 ans dans sa propriété du Clan, près de Meug-sur-Loire, dans le Loiret, après avoir connu la célébrité.

Filleule d'Alexandre Dumas, qui la lança, elle a vu défiler dans son cabinet toutes les illustrations de notre époque, les unes par crédulité, les autres par curiosité, la plupart par snobisme.

Laissant de côté le pouvoir (?) que lui ont attribué les occultistes, il faut reconnaître que c'était une personne douée, très intelligente et surtout très adroite. En quelques secondes elle avait jugé son visiteur et la façon de le traiter.

Elle savait, tout en ayant l'air de lire dans la main, mieux que personne, faire parler son client et se faire guider par lui sur ce qu'elle devait lui dire. Toujours elle flattait les sentiments et laissait de l'espérance aux plus désabusés, ce qui lui attirait beaucoup de sympathies. Très adroite, elle savait tourner l'équivoque a son avantage.

Au moment de ses débuts, se trouvant chez Alexandre Dumas, son parrain, elle devait après dîner, exercer ses talents vis-à-vis des invités. De cette séance d'épreuve dépendait son avenir.

Ses renseignements lui ayant fait savoir que parmi ces personnes devaient se trouver plusieurs médecins, elle dit à l'un d'eux, qui est devenu une de nos sommités médicales ;

— Je vois que vous devez être docteur.
— Oui.
— Attendez... Docteur... spécialiste.

(Il y a de grandes chances pour qu'un docteur fréquentant un salon haut coté soit un spécialiste).

Vous arriverez aux honneurs... vous recevrez des décorations, etc., etc.

Mais à la seconde personne qui vint après, madame de Thèbes ayant également dit :

— Vous êtes Docteur?
celle-ci répondit :

— Pardon, madame, vous faites erreur..., je suis architecte.

— Vous me comprenez mal, reprit Madame de Thèbes, je ne dis pas que vous exercez la médecine ; mais lorsque vous êtes malade vous suivez plutôt votre idée que l'ordonnance de votre médecin. En un mot, vous êtes votre docteur.

Est-ce assez joli comme trouvaille et ceci n'indique-t-il pas la clef de son travail?

Favorisée par le sort, elle n'eut pas besoin de se livrer à des opérations louches pour exercer son commerce de « *Marchande d'illusion* ».

Elle publia chaque année un almanach qui

obtint un succès de librairie et de curiosité.

Dans son salon figurait une photographie, avec dédicace, de Guillaume II, empereur d'Allemagne, qui lui avait été apportée, disait-elle, par un grand maigre, à figure clownesque et à l'allure dégingandée d'un lad d'écurie. Ce fantoche ridicule n'était autre que le Kronprinz. Elle lui prédit une chute brutale dont il se relèverait difficilement et meurtri, mais elle ne précisa pas si ce serait une chute de cheval... ou celle d'un trône.

La mort de Mme de Thèbes, survenue dernièrement, ne fut pas prévue par elle et cependant cet événement aurait dû l'intéresser.

J'ai toujours admiré l'ironie avec laquelle elle offrait en souvenir à ses clients un petit éléphant. Cet éléphant, qui figurait sur la couverture de ses almanachs et ornait son salon, était un symbole : car l'éléphant, ça trompe.

QUELQUES PRÉDICTIONS SUR LA GUERRE

Voici, à titre de curiosité, quelques prédictions que j'ai relevées parmi toutes celles qui ont paru sur la fin de la guerre.

On lit dans :

— Prédictions de Mme de Thèbes :
La guerre finira le 17 novembre 1914.

— Almanach de Mme de Thèbes (1916) :
La guerre finira en mars ou septembre 1916.

— Almanach de Mme de Thèbes (1917) :
La guerre finira au printemps 1917.

— « Vie mystérieuse » (25 juin 1914) :
En 1914 la guerre sera évitée.

— Psychic magazine (février 1916) :
La guerre finira à la 9e lune de 1916.

— Psychic magazine (mars 1916) :
La guerre finira le 17 juin 1916.
— Psychic magazine (mai 1916) :
La guerre finira en novembre 1916.
— « La Liberté » (20 août 1916) :
La guerre finira le 16 janvier 1917.

Quant à l'horoscope du Kaiser, il *nous annonçait l'effondrement de l'Allemagne du 15 au 18 novembre 1914.*

A force d'annoncer des dates, il arrivera que l'une des prédictions sera exacte et l'heureux gagnant de cette loterie deviendra un mage célèbre.

COMMENT ON CHERCHE A LES DÉFENDRE

Malgré le discrédit dont elles jouissent vis-à-vis des gens sensés, les somnambules ont cependant trouvé dans une certaine presse des défenseurs.

Le raisonnement tenu par ceux-ci est que chacun est libre de dépenser son argent comme il le désire, qu'on a le droit de donner quarante sous pour se faire tirer les cartes aussi bien que de dépenser ces quarante sous en jouant aux courses ou en allant prendre sa place au cinéma.

Ce raisonnement serait acceptable si la somnambule se contentait de tirer les cartes; mais ce jeu n'est pour elle qu'une amorce pour attirer les clients. Lorsqu'une proie tombe entre ses mains elle ne la laisse pas échapper, elle l'exploite à fond, et, après le grand jeu, arrive l'escroquerie.

Tous les jours ces mêmes journaux, qui ont fait de la réclame en quatrième page pour envoyer les gens dans ces cabinets louches, relatent, à la chronique des tribunaux, les vols dont ils ont été victimes en s'y rendant.

Il serait superflu de consacrer une partie de ce volume aux récits des agissements qui garnissent la rubrique des faits divers de nos quotidiens et dont l'énumération continuelle devrait ouvrir les yeux des naïfs, si cette race n'était si inépuisable.

Je ne résiste cependant pas au désir de livrer quelques exemples à la méditation de mes lecteurs.

COMMENT ELLES OPÈRENT

1° Prédiction dangéreuse

Dans une petite ville de province, Mme G... attendait vainement son mari qui devait revenir d'Amérique et dont elle n'avait pas de nouvelles. Elle alla consulter une somnambule qui lui annonça que son retour aurait lieu le samedi suivant, mais qu'elle mourrait un mois après, jour pour jour.

Or, il arriva que la première prédiction s'accomplit et que le mari revint bien le jour annoncé. Mme G..., se souvenant de la seconde prédiction, fut prise de peur et ne douta plus que sa mort surviendrait au bout d'un mois. A partir de ce moment elle dépérit et bientôt dut s'aliter. Personne ne se rendait compte de son état.

Quarante-huit heures avant l'échéance fixée, elle avoua sa visite à la somnambule, la prédiction, etc., etc. On courut chercher le docteur et on lui dit la vérité. Celui-ci endormit sa cliente et ne la réveilla que le lendemain du jour où elle devait mourir, ce qui la sauva.

Or, la sorcière macabre qui avait fait ces prédictions, qui auraient pu causer un malheur, sans la présence d'esprit du médecin, avait, par hasard, son fils matelot à bord d'un navire venant d'Amérique. Elle était fixée sur la date de son retour et sur celle du mari de Mme G..., que son fils lui avait annoncé comme passager sur ce même bateau.

Quant à la seconde prédiction, faite au hasard, elle aurait pu avoir de fâcheuses conséquences sans l'intervention du docteur.

On voit, par cet exemple, le cas que l'on doit faire des histoires de prémonition et autres, rapportées journellement dans les publications spirites.

2° **Lettre reçue**

13 Décembre 1916.

Cher Maître,

Permettez à une de vos admiratrices qui vous a suivi dans vos travaux et qui n'a pas manqué d'assister à votre dernière séance du 19 novembre (Salle des Sociétés Savantes) et de vous y applaudir, de vous signaler une de ces pythonisses que vous flétrissez tant.

C'est une Mme M..., rue E..., somnambule, qui, non seulement déverse dans le cœur des pauvres femmes simples toutes les élucubrations d'un cerveau hystérique, mais encore fait avec elles de la médecine, leur ordonnant des bouillons plus ou moins malsains et, pour celles plus intrigantes, qui ont à se plaindre de quelque embarras, fait fonction d'avocat... avocat retors, bien entendu.

Plusieurs personnes de mon entourage, malheureusement subjuguées et suggestionnées par le verbiage de cette personne, souffrant tant au point de vue moral (et font souffrir surtout leur entourage qu'elles suspectent) que matériel du mauvais génie de cette femme.

Je vous la signale, monsieur Dicksonn, comme étant de celles qu'il faut combattre à tout prix; et qu'en en débarrassant la Société on fait œuvre humanitaire.

Recevez, etc.

(Signature.)

3° Autre lettre

T..., le.....1917.

Monsieur Dicksonn,

C'est comme suite à votre conférence faite ici, à laquelle j'ai assisté et qui m'a fort intéressée, que je vous écris pour vous demander un conseil.

A la suite d'une discussion bête, venue de rien, mon mari et moi avons été fâchés. Voyant cette chose persister, j'eus recours à une cartomancienne qui s'occupe de plus que de tirer les cartes; elle entreprend beaucoup de choses, fait, paraît-il, réussir avec assez de facilité ce qu'on désire moyennant, bien entendu, rétribution pour son travail.

Mon mari avait, paraît-il, fait la connaissance d'une femme et il se laissait trop absorber par elle. La cartomancienne me promit de me ramener mon mari en le dominant. Il est certain que les jours où elle le travaillait, il était plus calme et devenait plus gentil.

Elle me dit que pour me le ramener complètement et pour toujours, il fallait exercer sur lui une certaine force qui ne pouvait s'acquérir qu'en faisant de la magie noire et me demanda pour cela une somme assez importante. Une petite partie seulement a été versée et elle le travaille toujours, elle me dit que ce travail-là peut et doit, pour être bien fait, durer environ six mois.

Que pensez-vous de cela ? Peut-on ainsi ramener quelqu'un à soi et faut-il avoir confiance en la magie noire ? Cette femme a un *médium avec lequel elle travaille tous les soirs ou presque. Elle fait des brûlages fréquents, terme employé par elle et que j'ignore être propre ou non à son travail.*

Dois-je continuer à la laisser travailler ou ne faut-il pas croire à tout cela ?

Vous me sortirez d'un cruel embarras en répondant à ma lettre.

Avec mes remerciements veuillez croire, Monsieur Dicksonn, à mes meilleurs sentiments.

(Signature.)

P. S. — Quel prix je vous dois pour la réponse que vous allez me faire. Je vous enverrai par retour cette somme.

J'ai naturellement répondu à cette brave dame qu'elle se trouvait en présence d'une escroquerie. Je lui ai conseillé de déposer une plainte contre la cartomancienne entre les mains du Procureur de la République. Je lui ai déclaré que je n'acceptais rien pour mon conseil, ayant entrepris de rendre service à toutes les personnes indignement exploitées. Trop heureux de savoir ces personnes tirées des griffes de ces détrousseurs.

On doit remarquer par le *post-scriptum*, la facilité avec laquelle les victimes se laissent dépouiller. Après avoir été volées, elles viennent encore offrir de l'argent, pour demander si elles doivent continuer de l'être.

4° **Extrait de « l'Heure »** (23 Janvier 1917)

Orléans, le 23 janvier 1917.

Sur le rapport du chef de la 5ᵐᵉ brigade d'Orléans, le parquet de Tours vient d'inculper d'escroquerie une femme nommée......, âgée de......, couturière, demeurant à Tours, qui faisait le métier de somnambule-voyante extra-lucide.

Chaque semaine, cette somnambule tenait dans son appartement trois séances exclusi-

vement consacrées à la recherche des disparus
militaires pendant la guerre. Son prix ordinaire était de cinq francs et on estime qu'elle
recevait au moins vingt personnes à chacune
de ses séances.

Il était rare qu'elle ne donnât pas à chacune de ses clientes, de bonnes nouvelles.
Toujours elle déclarait voir l'époux, le fils ou
le frère disparu prisonnier dans un camp
allemand, et quelquefois même elle précisait
l'endroit. On conçoit le bonheur des épouses,
des mères et des parents qui, depuis longtemps croyaient les êtres qui leur étaient si
chers morts, bien morts, puisqu'ils ne rece-
vaient d'eux aucune nouvelle, aucun signe de
vie.

Cette voyante a déjà reconnu qu'elle ne
parlait pas du tout à l'état de veille, qu'elle
faisait semblant de dormir et que, naturellement, elle ne savait rien du tout au sujet des
disparus pour lesquels on l'interrogeait.

EXISTE-T-IL DES VOYANTES ?

Au sujet des voyantes, l'Institut détient depuis quarante ans un prix de 50.000 fr., destiné à la personne qui pourra lire une phrase écrite sur un papier enfermé dans une enveloppe cachetée. Malgré l'appât des 50.000 francs et les années qui se sont écoulées, personne ne s'est présenté pour gagner ce prix. Cependant, nous entendons dire tous les jours qu'une voyante lit le numéro d'une montre sans l'ouvrir, la suscription d'une carte de visite enfermée dans un portefeuille, le millésime d'une pièce de monnaie, etc., etc.

Oui, on voit cela tous les jours. Mais où ? Dans un music-hall. Par qui ?... Par des artistes qui présentent des trucs au public et qui ne s'annoncent que comme tels. Croyez-vous réellement que si ces artistes avaient la possibilité de faire cela sans truc, s'ils possédaient un don surnaturel, ils n'iraient pas à l'Institut gagner le prix, au lieu de rester à la disposition d'intermédiaires, véritables marchands de chair humaine, qui les louent un prix dérisoire à des directeurs de concerts, peu scrupuleux, qui encaissent avec eux des fortunes en leur payant des salaires..... de guerre ?

S'ils ne le font pas c'est qu'ils ne le peuvent pas, c'est que la chose est impossible. En un mot, que le phénomène n'existe pas, que le truc seul existe.

Beaucoup de publications indiquent ces trucs, on les trouvera dans le volume que j'ai publié sous le titre de : *Trucs et Mystères dévoilés.*

L'ART DE FAIRE OBÉIR
ET D'ENDORMIR LES AUTRES

1° *La jeune fille magnétique, comment elle oblige les autres à lui obéir.*

Envoyez 0 fr. 25 à l'Institut National des Sciences de Londres et vous recevrez gratuitement une brochure illustrée montrant les résultats obtenus et vous indiquant les moyens de dominer les autres.

Si vous envoyez le timbre demandé vous aurez cette brochure-réclame qui vous apprendra que, moyennant l'envoi de cent cinquante francs, vous recevrez l'ouvrage complet du professeur K...., cours complet d'influence personnelle et de guérison du cristal radio-hypnotique ???...

Vous n'avez qu'à envoyer les 150 francs et vous serez édifiés.

2° A Paris il existe des « Instituts d'Hypnotisme » où des « roublards » enseignent l'art d'endormir les autres en pratiquant celui d'endormir les porte-monnaie.

On recrute les clients en donnant des conférences publiques sur le magnétisme et l'influence personnelle. On les prépare par des lectures de publications spéciales.

Ceux qui mordent à l'appât sont attirés dans des cercles privés où ils constatent les résultats obtenus sur des sujets préparés.

Ils en obtiennent eux-mêmes. Mais lorsqu'ils veulent, par la suite, opérer dehors, tout rate, les compères étant absents.

Méfiez-vous de ces maisons où, sous le couvert de la science, on vous exploite de votre vivant et on vous espère après votre mort.

Exemple pris dans une publication d'une de ces officines :

Ceux qui auraient l'intention de léguer, par voie testamentaire à l'Institut X..., une somme quelconque ou un immeuble (?), sont priées de tester au nom de Y.., qui réalisera le montant et le versera à la caisse.

Si on ne dort pas après cela ?

Je ne cite que pour mémoire ces « Instituts d'hypnotisme », car je ne parlerai pas dans ce volume des phénomènes de cette catégorie.

Il est certain que des êtres possèdent une volonté plus forte que d'autres, que des gens sont nés pour commander et d'autres pour obéir, que des personnes sont atteintes d'affections nerveuses qui amènent des troubles dans leur organisme, troubles qu'il appartient aux médecins de soigner et non aux charlatans d'exploiter, même s'ils se munissent d'un diplôme de docteur, pour exercer et échapper ainsi à la loi sur l'exercice illégal de la médecine. Toujours ces troubles amènent les sujets à pratiquer la mystification et la simulation sur une grande échelle, ce qui procure à la galerie tous ces spectacles et ces histoires d'hypnotisme.

En résumé : où le naturel cesse, la science s'arrête et où le merveilleux apparaît, le charlatanisme commence.

GUÉRISSEURS

En ce qui concerne les guérisseurs, il est regrettable de voir tant de badauds accorder leur confiance à des gens dont on devrait se méfier.

Voyez cet exemple :

Souffrant d'un cancer au bras droit Mme X..., après avoir suivi bien des traitements et subi quatre opérations, se rendit, sur les conseils de commères, chez un guérisseur dont elles lui vantaient les cures merveilleuses. Le traitement commença le jour même et quatre jours après la malade mourait du tétanos.

Le guérisseur avoua au juge d'instruction qu'il traitait ses malades en leur faisant des applications d'acide sulfurique.

Il a été poursuivi pour exercice illégal de la médecine et homicide par imprudence.

Combien de guérisseurs prétendent, comme le faisait le zouave Jacob, guérir par la simple imposition des mains. S'ils obtiennent des résultats, c'est sur des personnes qui n'ont de malade que le cerveau

Voyons, si une personne, qui se figure être malade, va trouver un médecin et que celui-ci la renvoie sans rien lui prescrire, elle s'écriera : « Mais c'est un âne, ce docteur, il n'a pas pu reconnaître ma maladie. »

Mais qu'un docteur avisé lui prescrive des boulettes inoffensives (à base de mie de pain, par exemple), son état s'améliorera au fur et à mesure que le nombre de boulettes diminuera dans le flacon et, lorsque celui-ci sera vide, notre pseudo-malade ira partout proclamer sa cure merveilleuse.

Le médecin en la circonstance aura, avec ses boulettes, joué le même rôle que le guérisseur avec l'imposition des mains ; mais il l'a fait en connaissance de cause et aurait agi différemment avec une personne réellement malade.

Il faut être dépourvu de toute intelligence pour penser qu'un être possède un pouvoir surnaturel qui peut remplacer les études et qu'un charlatan est plus ferré qu'un homme qui a passé des années à étudier la nature humaine et les découvertes de la science.

Il est vrai que, vis-à-vis des simples, le charlatan présente l'attrait du mystère. Mangin, le célèbre marchand de crayons, connaissait bien l'humanité lorsqu'il se présentait à la foule le chef orné d'un casque empanaché et qu'il s'écriait, dans son boniment légendaire : « Tas de crétins, si je me présentais à vous avec l'habit qui contient un vrai mérite, pas un, de ceux qui m'entourent, n'achèterait mes crayons. »

Comme charlatanisme n'avons-nous pas vu défiler, dans un cirque de Paris, les compères d'un marchand d'appareils qui guérit (?) les douleurs. Ces compères jetaient leurs cannes et leurs béquilles, pour danser une gigue endiablée, après avoir reçu l'application du merveilleux appareil.

Cet audacieux industriel, qui a été poursuivi pour exercice illégal de la médecine et tromperie, a été condamné à une amende de trois mille francs.

Or il avait réalisé à Paris, sur la vente de ses appareils, un bénéfice de plus de 300.000 francs. Si je ne me trompe, une fois l'amende payée, il lui resta un bénéfice de 297.000 francs ; le commerce illégal a du bon.

Il est nécessaire d'attirer l'attention de nos législateurs sur une réforme à faire, dans la loi, sur ce point, et de décider qu'avant de prononcer des condamnations, à la prison ou à l'amende, le tribunal devra, d'abord, ordonner la restitution totale des sommes escroquées. Dans le cas où les personnes lésées ne pourraient être retrouvées les sommes en litige seraient attribuées à des œuvres de bienfaisance ou d'humanité. Avec cette réforme les sinistres aigrefins ne se moqueraient plus de la justice.

EXPLOITATION HONTEUSE

En ce moment la sensibilité et l'état nerveux étant dans un état de surexcitation exagérée, ces officines font des affaires d'or et la guerre leur apporte des clients par milliers.

Les angoisses des familles y sont indignement exploitées par ces vampires d'un nouveau genre.

La cocaïne et la morphine y font des ravages.

On y facilite la dépopulation.

Et souvent les scènes de visions et de matérialisations, avec examen particulier et complet... du médium, ne sont que des préparations à des scènes de débauche très goûtées de vieux satyres qui les fréquentent et qui préfèrent les jouissances d'ici-bas aux promesses des esprits dans l'au-delà.

COMMENT MES YEUX
SE SONT OUVERTS

Combien de fois ne m'est-il pas arrivé, lorsque je dirigeais mon ancien théâtre du passage de l'Opéra, boulevard des Italiens, de recevoir, le lendemain de mes séances, la visite de personnes qui me disaient :

« Monsieur Dicksonn, pour faire ce que vous
« faites, il faut que vous soyez sorcier, —
« vous avez passé un pacte avec le diable. —
« Notre maison est hantée, débarrassez-nous
« du sort que l'on a jeté sur nous et nous
« vous donnerons ce que vous voudrez. »

D'autres voulaient me coucher sur leur testament. Si j'avais accepté, celui-ci aurait été cassé, vu l'état mental des personnes qui l'avaient signé.

J'avouerai franchement que chaque fois que j'ai voulu ramener le calme dans ces cerveaux troublés je n'ai jamais réussi : le mal causé par les pratiques spirites était trop grand et beaucoup de ces personnes ont terminé leurs jours dans des asiles d'aliénés. Les fausses conceptions avaient atrophié leur esprit et faussé leur raisonnement.

LE SPIRITISME ET LA RAISON

Bien des considérations m'ont rendu sceptique sur le spiritime. D'abord le côté exploitation dont il est l'objet et ensuite le résultat grotesque et souvent nuisible des manifestations obtenues. Car, enfin, qu'ont produit les esprits jusqu'à présent ?

Ils s'amusent à faire tourner les tables, à déplacer les meubles, à briser la vaisselle, à faire jouer les instruments de musique, à dénouer des cordes et à tirer des chaises sur lesquelles sont assis des savants pour les précipiter sur la partie postérieure de leur vénérable personne. Lorsque des matérialisations se produisent les fantômes barbus, coiffés de casques à l'antique, ont plutôt l'air de pompiers de Nanterre que d'ancêtres vénérés.

Non, mais voyez-vous nos grands penseurs, nos grands philosophes s'amusant, après leur mort, à venir converser avec les humains faisant la chaîne autour d'une table !

Voyez-vous un groupe de stratèges en chambre évoquant l'esprit de Jeanne d'Arc pour avoir son avis sur... l'artillerie lourde ?

Voyez-vous, dans un salon de statuaire-spirite, des personnages paraissant empruntés aux gravures des journaux illustrés matérialisés avec leurs cravates, leurs bijoux, etc., etc., matérialisations si frappantes de vérité qu'on a pu reconnaître parmi elles plusieurs personnes encore vivantes ?

Voyez-vous un esprit se manifestant, sous

forme d'une matière sortant du nombril d'une fille d'Ève, devant les privilégiés de cette exhibition ?

Voyez-vous Marie Stuart, décapitée en 1587, évoquée par un soi-disant médium, venant se matérialiser dans le salon d'un maître d'hôtel et ne résistant pas au désir d'embrasser le patron, le père Achille, avant d'utiliser son billet de retour pour l'Éternité ?

Ne remarquez-vous pas une décadence morale dans ce passage de vie à trépas ?

Si l'on doit devenir si bête que cela quand on est mort autant rester vivant.

Que signifient toutes ces conditions pour obtenir un soi-disant résultat ? Cette obscurité ou ces jeux de lumières gradués, ces rideaux, ces instruments de musique, toutes les restrictions imposées aux mesures de contrôle ; ces engagements pris, par les assistants, de ne rien tenter pour chercher à surprendre le médium, cette précaution exigée, sous forme de chaîne magnétique, faisant que tous les assistants, se tenant par la main, chacun paralyse son voisin?... Est-ce que les esprits, s'ils avaient le pouvoir de se manifester, en admettant leur existence, se prêteraient à toutes ces comédies?...

Pourquoi tous ces farceurs qui, sur terre, prétendaient recevoir des morts des communications, pour établir leur nouvelle existence, ne viennent-ils pas, quand ils sont morts à leur tour, nous apporter eux-mêmes cette preuve?

Pourquoi tous ces médiums que je démasque ne s'amusent-ils pas à troubler mon sommeil pour se venger et protester contre mes accusations?

Parce que la chose est impossible, parce que la communication avec l'au-delà est une vaste mystification sortie du cerveau de déséquilibrés ou d'escrocs.

En effet, ces prétendues communications se prêtent à merveille à l'escroquerie.

1° Je me souviens que dans une localité des environs de Paris un sculpteur de talent, M. C..., avait perdu son fils et la mort de celui-ci l'avait complètement désemparé.

Un cercle spirite venait précisément de se fonder dans cette localité. Tous les soirs on y faisait tourner les tables et les esprits venaient converser avec les adhérents réunis à l'entresol d'un marchand de vins.

Le président de ce cercle, personnage dévoyé, vivant plutôt aux crochets des autres que du produit de son travail, était en relations avec le sculpteur depuis des années. Une idée géniale lui vint. Il se rendit à l'atelier de celui-ci et, après avoir longuement parlé du disparu, il engagea la conversation sur le spiritisme. Il vanta les joies qu'il procurait aux survivants en leur permettant de communiquer avec les morts. Puis, croyant avoir convaincu celui sur lequel il avait jeté son dévolu, il lui dit : — « Voulez-vous essayer ? je vais vous faire avoir une conversation avec l'esprit de votre fils et vous serez convaincu ; mais, au préalable, il faut vous faire recevoir à notre société spirite et vous faire initier. Cela vous entraînera à quelques petits frais, une centaine de francs environ. »

L'effet de ces paroles fut tout à fait contraire à ce qu'il attendait.

M. C..., scandalisé, prit le visiteur par le bras et, le reconduisant brusquement vers l'escalier, s'écria : — « Vous avez de la chance, monsieur, que je vous connaisse, ainsi que votre famille, depuis plus de vingt ans ; sans cela je vous traiterais comme vous le méritez, en vous donnant mon pied vous savez où. »

Jamais, au cercle, le président ne se vanta de cette aventure qui me fut contée par un intime de M. C...

2° Depuis j'eus l'occasion de me rendre, à

titre documentaire, un dimanche après midi, dans une petite salle où mensuellement un médium convoque sa clientèle pour converser avec les morts, s'adressant principalement aux parents de ceux qui ont des disparus à la guerre.

Après avoir payé à l'entrée un droit de un franc, je me trouvai dans une pièce où étaient réunies une vingtaine de personnes, assises sur des chaises, devant une estrade sur laquelle était un petit guéridon en bois blanc destiné à être l'interprète pour les communications de l'au-delà.

La séance commença par une petite causerie, conférence faite par Mme X... Sa situation, dit-elle, lui permet de porter la bonne parole un peu partout, pour faire connaître et répandre les doctrines du maître Allan Kardec. Elle raconte une série de faits qui se seraient tous produits devant elle. Elle en affirme la réalité en donnant comme preuve... sa parole d'honneur. Elle fonce ensuite, tête baissée, sur ceux qui osent blasphémer sur le spiritisme et émettre des doutes sur les phénomènes qu'elle affirme et affirmera jusqu'à sa mort (et après?).

Ce préambule terminé, une chiromancienne, Mlle N..., à l'aspect d'une paysanne endimanchée, donne quelques consultations à des amateurs de ce genre de sport, et le grand numéro fait son apparition sur l'estrade. — C'est le tour du médium, Mme F..., champion du guéridon qui, d'après le gardien de l'immeuble, ne bouge jamais pendant la semaine et ne s'agite que sous les doigts de la patronne. Celle-ci s'assied, prend un air inspiré, pose ses mains sur le guéridon, que les esprits invisibles font basculer et frappe avec le pied sur le plancher pour annoncer leur présence. Les esprits sont arrivés des profondeurs de l'immensité. Que la séance commence!

J'assistai alors à une scène indigne. Je dus faire appel à tout mon sang-froid pour ne pas provoquer un scandale et peut-être une bataille avec les compères de la tenancière ; car, parmi les vingt clients et clientes, quelques-uns sont là pour entretenir la conversation avec leurs voisins et leur arracher des tuyaux, qui sont transmis au médium. Celui-ci s'en servira lors de la consultation, à la fin de la matinée. Ces compères et commères sont également là pour prêter main-forte au besoin si quelqu'un, s'apercevant qu'il est trompé, se permettait de protester.

La première personne qui se présente est une brave dame en deuil, qui est sans nouvelles de son fils qui était au front, en Champagne.

Le médium entre en trance et dit :

— Avez-vous, madame, un objet ayant appartenu à votre enfant ?

La dame lui ayant remis une enveloppe

contenant sa dernière lettre, datant de trois mois, la voyante évoque le disparu. Soudain, le guéridon se penche, son pied frappe le plancher : l'esprit est là.

— Pauvre dame, dit alors le médium, je vais vous faire de la peine..... Je vois votre fils..... Il est là..... par terre..... mort..... oui, mort..... car il est bien mort..... une horrible blessure à la tête..... horreur, celle-ci baigne dans l'eau qui remplit un trou d'obus..... Attendez..... attendez..... en examinant sa blessure, je vois qu'il aurait pu vivre s'il avait été ramassé et soigné..... mais il a été noyé.....

La pauvre mère ne put en entendre davantage, elle fut prise d'une crise de nerfs sous les yeux impassibles de l'indigne créature qui lui en avait servi pour « quarante sous ».

Moi non plus, je ne pus en entendre davantage et sortis précipitamment, déplorant qu'en plein Paris, pareilles scènes puissent se produire, sans que la police, qui ne doit pas les ignorer, se décide à fermer ces bouges indignes de la capitale.

3° Un autre jour, je me trouvais chez des personnes chez qui je fréquentais. La conversation tomba sur le spiritisme et chacun donna son opinion sur cette question à la mode.

Parmi les personnes réunies se trouvait un vieux retraité qui, pour la première fois, était en visite chez mes amis, à qui il venait d'être présenté.

Comme j'émettais mon avis, nous le vîmes soudain pâlir, puis son corps fut agité par des contractions musculaires et sa bouche s'ouvrit pour nous faire l'apologie de cette prétendue science et des phénomènes surnaturels constatés par les sommités les plus marquantes, mais *sur lesquels les aveugles de l'Académie des Sciences ne pourraient se prononcer.*

Nous eûmes beaucoup de mal à le calmer

et cet incident nous causa une impression de pitié qui eut sa répercussion sur l'ensemble de cette réception.

Deux jours après, dans mon courrier, je trouvais une lettre de ce retraité, à moi adressée, commençant ainsi :

Paris (3 h. 1/4 du matin).

Monsieur,

Monsieur Dicksonn, croyez-vous en Dieu?... Avez-vous contrôlé son existence?... Moi, ce matin, dans un saint lieu il m'a honoré de sa présence. Et voici, soit dit entre nous, les mots qu'il m'a dictés pour vous : « *Cher fils, vous êtes un homme extraordinaire, il faut écrire à M. Dicksonn que vous êtes aimé de Dieu, et qu'il vous rajeunit, afin que vous puissiez démontrer son existence. Vous lui direz que son châtiment va commencer.* »

Cette communication m'a été faite à l'Église Saint-Sulpice, par le moyen de l'oui-ja, ou alphabet spirite, sorte de télégraphe sans fil qui permet aux êtres désincarnés de correspondre avec les êtres incarnés, autrement que par la typtologie, ou par d'autres moyens, etc., etc.

Je fais grâce au lecteur du reste des élucubrations de cette triste épave de notre administration, à laquelle elle rendit peut-être quelques services avant de faire sombrer son esprit dans le gouffre de l'inconnu.

4° Il y a quelques années, la veuve d'un impresario connu vint se fixer dans une charmante localité de la banlieue ouest, où j'habitais alors. Quelques personnes ayant fait sa connaissance s'aperçurent bientôt que ses allures étaient étranges, ses conversations parfois bizarres. Petit à petit elle arriva à faire ses confidences et on apprit qu'elle faisait du spiritisme. Sa maison était remplie de publications psychiques et, par l'intermédiaire d'une table, elle causait avec son défunt mari. Elle ne faisait plus rien sans évoquer et consulter son esprit.

Un jour, le feu éclata chez elle. Lorsqu'on pénétra dans sa maison on la vit, véritable torche vivante, entourée de flammes, criant à tue-tête que son mari l'appelait dans l'autre monde et lui avait donné l'ordre de pétroler sa maison et de brûler avec.

Tout ce qu'on essaya pour la sauver fut inutile. On ne retrouva que ses os calcinés dans les décombres.

Le spiritisme avait accompli son œuvre néfaste.

Mal social, il la continuera tant que les cerveaux seront malaxés par lui.

LES DANGERS DU SPIRITISME

Il est indéniable que les pratiques du spiritisme mènent à la folie.

Si organisé que soit un cerveau, il a beaucoup de mal à résister à la lecture des publications spirites.

Les élucubrations de ces écrivains qui veulent ériger le hasard en loi, et constituer des règles en citant des exceptions, sont contraires au bon sens. Les cas cités par eux, et toujours arrangés pour les besoins de la cause, représentent une goutte d'eau dans la mer proportionnellement au nombre des humains ; et ces exemples ne peuvent convaincre personne.

Quand je lis dans les revues, bulletins ou annales plus ou moins scientifiques quelconques, les aventures plus ou moins bizarres arrivées à telle ou telle personne ou les assertions de tel ou tel savant de bonne foi, cela me fait penser aux certificats publiés, en quatrième page des journaux, par les « pilules à gogos » et « les pastilles la poire ».

Mais les personnes crédules qui lisent cela, comme on boit du petit lait, s'intoxiquent graduellement et finissent par perdre le bon sens d'abord, la raison ensuite.

C'est par milliers que je reçois des lettres de pauvres déséquilibrés me confiant leurs pensées les plus profondes, les secrets les plus intimes de leur intérieur. Tous sont en proie à la manie de la persécution, tous ont des hallucinations. Si les effets chez chacun d'eux sont différents, la cause est chez tous la même. Malheureusement ils sont inguérissables. S'ils ont les yeux fixés dans l'au-delà, s'ils vivent avec les trépassés, s'ils causent avec les morts, en faisant les demandes et les réponses, la vie sur terre pour eux est empoisonnée.

Si c'est cela que les spirites appellent donner des satisfactions, ils ont une drôle de mentalité.

Non. Pour eux le spiritisme est un moyen avec lequel ils espéraient dominer l'esprit et conduire les masses en les asservissant à leur volonté. Allan Kardec laisse bien voir le bout de l'oreille en avouant qu'il voulait unifier les religions. Il n'avait pas prévu que toutes les religions ont un but : la morale, et que le résultat atteint par le spiritisme est la folie.

Nos ennemis l'ont si bien compris qu'ils se sont servis de cet agent pour essayer d'empoisonner notre cerveau et, dans beaucoup de cabinets spirites un grand travail a été préparé par les boches. Ils ont fait pénétrer le poison à la Cour de Russie, par l'intermédiaire de cette brute alcoolique de Raspoutine, qui devait amener la Tzarine à imposer à son mari de trahir ses alliés au profit de l'Allemagne.

C'est au nom de la raison, de la morale et du patriotisme que l'on doit dire la vérité et, prenant ses responsabilités, anéantir les progrès d'une prétendue science contraire à l'humanité.

MÉDIUMS ET PRESTIDIGITATEURS

De temps en temps un nouveau médium surgit, ses expériences sont surprenantes, les spirites sont dans la joie. Ils vont pouvoir prouver que les phénomènes sont réels. Mais soudain tout craque : le médium est surpris en flagrant délit de fraude. Tous ont été surpris : Dunglas, Home, Slade, Les Davemport, Anna Rooth, miss Cook, Eusapia Palladino, le comte de Sarrak, Carrancini, etc., etc. C'est-à-dire qu'ils employaient, pour obtenir leurs phénomènes, des procédés appartenant au domaine de la prestidigitation. Et malgré l'excuse donnée par leurs défenseurs, qui admettent des « fraudes inconscientes », je suis d'avis que s'ils fraudent, c'est parce qu'ils ne peuvent rien obtenir sans frauder. Parce que la réalité n'existe pas si les phénomènes ne sont pas truqués.

Le prestidigitateur, lui, crée des trucs pour amuser, il procure des illusions et s'il trompe son public, celui-ci est venu pour être trompé. Le seul cas où il pourrait réclamer, c'est s'il ne l'était pas suffisamment.

Le prestidigitateur est à l'affût des découvertes scientifiques, il les applique à l'amusement avant qu'elles soient vulgarisées. Le médium, lui, est à l'affût des trucs des prestidigitateurs, il les emploie pour faire croire à une prétendue science qui n'a d'autre but que de mystifier les gens, de détraquer les cerveaux et de les conduire à Charenton.

C'est pour cela que, tout en ne faisant partie d'aucune association, d'aucun groupement, d'aucun syndicat, j'ai entrepris, seul, une campagne contre ces dangereux fumistes en leur criant : Halte-là, vous n'irez pas plus loin, vous ne vous servirez pas de notre art pour en faire cet usage. Je vous démasquerai, et je tiens parole.

POURQUOI MES CONFÉRENCES ?

Quelques prestidigitateurs intelligents comprirent le service que j'allais rendre à leur corporation, si souvent raillée et méprisée par des « Esprits forts » ; mais d'autres, jaloux, insinuèrent, d'une façon perfide, que, sous prétexte de tomber le spiritisme, je dévoilais *leurs trucs* ??...

Méprisant ces attaques, j'ai entrepris, à travers la France, une série de conférences démonstratives pour ouvrir les yeux du public, poussé par ma conscience, encouragé par les honnêtes gens.

Je reçus quantité de lettres de félicitations et d'encouragements de sommités scientifiques, membres de Sociétés savantes, Universités, Académies, Magistrature, Barreau, etc., etc., qui ornent mon livre d'or.

Mes spectateurs, comprenant l'œuvre de salubrité morale entreprise, m'envoyèrent des récits et des documents précieux qui constituent, pour moi, des dossiers d'une valeur inestimable.

Je sentis que j'étais compris et que j'avais raison de dire la vérité à un public en grande partie composé de personnes dont les idées, jusqu'à présent, avaient été faussées et qui, au premier abord, pouvaient se montrer hostiles à ces vérités..

Mon intervention documentée mit en fureur les spirites qui tentèrent, par tous les moyens, d'arrêter ma campagne. Une quantité de lettres anonymes, au bas desquelles j'ai toujours deviné la signature : *un lâche*, me furent adressées. D'autres me menaçaient de mort, etc., etc.

Ces moyens n'ayant eu aucune action sur moi, on m'offrit de l'argent puis on essaya d'organiser du tumulte à mes réunions. On envoya de pauvres déséquilibrés, des émissaires inconscients, de tristes aigrefins, des somnambules avec leurs cabas et des directeurs de publications dangereuses pour la mentalité. Mais la police avertie veillait et quelques meneurs ayant été expulsés par les agents et sermonnés en haut lieu, cette tentative échoua. Alors on me provoqua en duel, sans se rendre compte du discrédit dont jouissaient mes provocateurs.

Ces conférences inspirèrent une telle rage chez ceux que je démasquais, que certains se désignèrent eux-mêmes aux yeux du public.

Je me souviens qu'un jour où je faisais connaître à mes auditeurs l'organisation des officines louches et des agissements de leurs tenanciers, un monsieur se leva dans la salle en s'écriant : *Mais c'est de moi que vous parlez, je vous poursuivrai en diffamation.*

Malgré l'affirmation des témoins et des agents que personne n'avait été désigné par moi, cet homme persista à s'accuser publiquement à la grande hilarité des spectateurs.

Ne pouvant réussir à troubler mes conférences, il ne restait plus aux intéressés que la ressource de la calomnie dans leurs publications périodiques pour faire éclater leur rage et répandre leur fiel. Les quolibets s'y étalent lourdement, faisant des allusions stupides à mon art, et lorsque ces écrivains veulent se montrer satyriques, ils se rendent ridicules. Ils me traitent d'ignorant, ils n'osent pas aller jusqu'à me gratifier de l'épithète d'âne, ayant remarqué, sans doute à temps, que leurs oreilles étaient beaucoup plus longues que les miennes.

En se livrant à cette besogne, ils ont souligné la force du coup que j'ai porté à leur doctrine et fait constater la faiblesse de leur cause.

Je ne cesserai, par le livre et la parole, de lutter pour le bon combat et pour ce que je crois la vérité scientifique par rapport aux fausses théories répandues dans le public.

INTERVENTION INOPPORTUNE

Au lendemain d'une conférence, faite par moi, à l'Université Populaire, sur l'exploitation de la crédulité publique, le journal *Le Matin* publiait, en première page, un compte-rendu élogieux de cette soirée, et cinq jours après, une lettre de Mme Juliette-Alexandre Bisson, dont j'ignorais alors complètement l'existence et encore plus ses occupations, au sujet du spiritisme. Voici cette lettre :

10 Décembre 1913.
Monsieur le Rédacteur en chef,
Vous publiez, dans votre numéro du 10 décembre, un article concernant la production

des fantômes par un prestidigitateur qui a, sans doute, rendu autant de services à l'Instruction publique qu'à l'Agriculture. Je ne discuterai pas ses titres et je me bornerai à répondre à ses affirmations relatives à la production de certains phénomènes qu'il assure pouvoir imiter.

Toute personne au courant de la question, aura bien vite reconnu le caractère fantaisiste des allégations du professeur-prestidigitateur.

Permettez-moi cependant de protester contre les indications qui donnent la plus fausse idée des phénomènes véritables dont la production est affirmée.

Je n'ai pas l'intention de défendre aucune école, mais simplement de vous assurer que les trucs du prestidigitateur existaient avant qu'il eût escamoté la moindre muscade.

Il y a quarante ans que Maskelyne les a employés à l'Egyptian-Hall de Londres.

Si le professeur Dicksonn a suffisamment

confiance en lui pour reproduire exactement, dans les mêmes conditions où mes expériences sont faites, les résultats obtenus par mes collaborateurs et moi, je suis disposée à parier avec lui 20.000 fr. 20.000 fr. que je déposerai à la caisse du Matin.

Un Comité composé de gens honorables, acceptés comme arbitres par les deux parties, se réunira chez moi et prononcera en dernier ressort.

Recevez, Monsieur le Rédacteur en chef, l'assurance de ma « haute » considération.

  Signé : Juliette-Alexandre Bisson.

P. S. — *Je vous envoie un livre où vous verrez dans quelles conditions les expériences auxquelles je fais allusion sont faites.*

Je répondis au *Matin* :

  Monsieur le Rédacteur en chef,
Pour reproduire quelque chose, il faut l'avoir vu. Que Mme *Bisson opère devant moi,*

me laissant tout contrôle, et je me fais fort de démasquer son médium, sans réclamer 20.000 fr. pour cela.

Recevez, etc.

Professeur DICKSONN.

Mais Mme Bisson, prudente, refusa de me convoquer à la production des prétendus phénomènes de son médium, Eva C..., ce qui me priva du plaisir de les démasquer.

Une polémique s'engagea au sujet de la sincérité du médium en question et le 29 décembre, le *Matin* publiait cette lettre :

Douai, 27 Décembre 1913.

Monsieur le Rédacteur en Chef,

Comme complément aux intéressantes révélations du Matin, du 26 courant, concernant les matérialisations effectuées chez Mme Bisson, il serait utile d'ajouter, me semble-t-il, que le médium Eva C... n'est autre que Marthe Béraud, dont les avatars, à la villa Carmen, d'Alger, où elle mystifia le docteur Charles Richet, sont restés célèbres dans les annales du psychisme.

Dès lors, tout s'explique et la transmutation d'Eva C... en Marthe Béraud constitue peut-être le plus suggestif des enseignements spirites.

Signé : F. JOLLIVET-CASTELOT.

Directeur des Nouveaux Horizons de la Science.

De son côté, une personnalité parisienne désirant garder l'anonymat, mais qui se réservait de se faire connaître au moment voulu, offrit à Mme Bisson de lui verser 50.000 francs si elle parvenait à réaliser, devant une commission, composée de personnalités scientifiques qui seraient ultérieurement désignées, les phénomènes exposés dans son livre, et dans des conditions d'où toute possibilité de supercherie serait exclue.

Mme Bisson ne voulut rien savoir et déclara qu'elle désirait travailler en silence, pendant un an, avec son collaborateur et qu'elle ne voulait en aucune façon entendre parler de prestidigitateurs.

Je n'avais, en la circonstance, qu'à publier la lettre suivante, parue dans le *Matin* du 8 janvier 1894 :

Monsieur le Rédacteur en chef,

Mme *Bisson ne veut aucun rapport avec les prestidigitateurs, c'est trop commode. Pourquoi est-elle venue me chercher ? Pourquoi m'a-t-elle jeté un défi ? Elle se dérobe ; je ne me dérobe pas, moi.*

Mme *Bisson prétend qu'il ne saurait y avoir chez elle question d'argent. Pourquoi m'a-t-elle jeté un défi de 20.000 francs ?*

Mme *Bisson, dont le médium a déjà été pris en flagrant délit de fraude, ne veut opérer que devant des savants. (Sait-elle s'il n'y en a pas parmi les prestidigitateurs?) La voilà* la grande question. Mme Bisson sait très bien que le jour où elle opérera devant moi, en présence de tous les savants du monde, je ferai voir à ces messieurs, avec quelle facilité les prétendus médiums les trompent et pourquoi les spirites ne veulent pas admettre les personnes compétentes dans l'art de truquer.

Mme Bisson demande qu'on la laisse un an dans l'oubli, travailler en silence, avec son collaborateur, le docteur Freiher von Schrenk Notzing, de Munich. C'est peut-être le seul moyen d'échapper au rire des sceptiques qui ont compris.

Veuillez agréer, etc.

Professeur Dicksonn.

J'attends toujours que Mme Bisson se décide à me montrer ce qu'elle me défie de reproduire et lui rappelle, une fois de plus, son intervention aussi inopportune que divertissante pour la galerie.

COMMENT ILS TROMPENT LES SAVANTS

Je sais que vous me direz : Comment se fait-il que tant de savants ont certifié ces phénomènes ; car enfin ils étaient de bonne foi ?

Oui, ils étaient de bonne foi ; mais les spirites se sont joués de leur ignorance dans l'art de truquer.

S'ils avaient été au courant des procédés employés pour les tromper, ils n'auraient pas marché.

Ceux qui s'en sont aperçus étaient engagés et nous connaissons ce travers de l'humanité. Lorsqu'on a été mystifié, on cache sa mystification par peur du ridicule et on devient le complice inconscient du mystificateur, en attendant de le devenir soi-même.

Et puis on forme une école nouvelle. On devient un apôtre. On travaille pour la galerie. On donne satisfaction à son ambition. On écrit des livres et on les vend.

CRÉDULITÉ

La crédulité des hommes de science est proverbiale et voici, à ce sujet, un extrait du joli livre *Opinions et Croyances*, du docteur Gustave Le Bon (page 327) :

Dans le cycle de la croyance la crédulité est sans limite et l'esprit cultivé est aussi rétif que celui du parfait ignorant. Le savant qui met en doute la valeur d'une double décimale, n'ayant pas été plusieurs fois contrôlée, admettra sans difficulté qu'un guerrier casqué puisse sortir du corps d'un médium et se promener dans une salle en faisant tâter son pouls par les assistants, afin de prouver qu'il est plus qu'un vain fantôme, qu'une impalpable vapeur.

Sur la pente de la crédulité on ne s'arrête pas.

Un numéro d'une grande revue spirite, dirigée par un célèbre professeur de la Faculté de Médecine de Paris, offrait récemment à ses lecteurs :

1° L'histoire du double d'un médium remontant les pendules à distance ;

2° Des dessins d'esprits désincarnés ;

3° Une dissertation sur les fées qui habiteraient encore les forêts ;

4° L'histoire de quatre fantômes chantant à tue-tête : La Marseillaise, Au Clair de la Lune, *etc.*

En matière de crédulité le savant ne se montre pas supérieur à l'ignorant.

J'ajouterai à l'appréciation du docteur Gustave Le Bon, que les annonces de cette

« Revue scientifique » sont celles des somnambules, marchands de talismans, etc., etc. Cette promiscuité devrait, à mon avis, être blessante pour l'illustre professeur. Il me semble que si j'étais à sa place j'éloignerais tous ces parasites : Il faut rester en bonne compagnie.

COMMENT LES SPIRITES TRUQUENT LES DOCUMENTS

C'est avec réserve qu'il faut accepter les attestations des hommes marquants, car les spirites, quand ils ont besoin de l'affirmation de l'un d'eux, n'hésitent pas à lui attribuer une paternité d'occasion.

Les occultistes ont affirmé et affirment journellement (1) que parmi les prestidigitateurs ils ont des partisans et que Robert-Houdin lui-même a donné l'attestation suivante :

(1) *Vie Mystérieuse*, 10 mars 1914. *Carnet de la Semaine*, 16 avril 1916.

J'affirme, messieurs les savants, que la séance de M. Slade est vraiment spiritualiste et incompréhensible en dehors de toute manifestation occulte et de nouveau je l'affirme.

Or, ce document existe. Il est daté de 1886. Robert-Houdin est mort en 1871 et son fils en 1883, époque à laquelle je suis devenu directeur-associé de son théâtre, avec sa veuve.

Les spirites oublient volontairement de dire que ce document est signé, non de Robert-Houdin, mais de Jacob, du théâtre Robert-Houdin.

Or, Jacob est la signature d'un ancien employé de ce théâtre, plus connu sous le nom d'Ely Star, astrologue, qui faisait partie depuis longtemps du monde des occultistes et vendait des horoscopes (1).

Son témoignage doit, en la circonstance,

---

(1) *Petit Parisien*, 25 novembre 1913, *Courrier des Tribunaux*.

être récusé comme suspect de partialité.

C'est ainsi que l'équivoque est établie dans ce milieu, pour donner le change aux gens crédules sur l'opinion des hommes compétents. Les mensonges passent ; mais les documents restent.

Cependant, en agissant ainsi, les spirites sont dans leur rôle, puisqu'ils font signer un certificat à des gens quinze ans après leur mort.

Les exemples de réincarnations intéressées ne manquent pas.

En 1914, j'étais pris à parti, dans un bulletin spirite intitulé : *La Vie Mystérieuse*, par Donato ??... Or, Donato, le vrai, que j'ai beaucoup connu est mort, il y a au moins douze ans, chez les Frères Saint-Jean-de-Dieu, à Paris. Je doute qu'il envoie de l'au-delà des communications à insérer dans cette publication fantaisiste, bonne à amuser les gobeurs et les vieilles filles.

COMMENT ON LES JUGE

Si les spirites ont pour principe de se procurer des attestations de savants qu'ils ont mystifiés et de fausser l'opinion avec ces documents, voici quelques déclarations qu'ils ont soin de cacher.

D'abord, cette lettre adressée au président de la Société Dialectique de Londres par un savant, sollicité de faire partie d'une commission d'études spirites :

Monsieur,

Je regrette de ne pouvoir accepter l'invitation du bureau de la Société Dialectique de Londres à me joindre au Comité pour l'étude du spiritisme et cela pour deux raisons. D'abord, je n'ai pas de temps à consacrer à une pareille étude, qui donnera beaucoup d'occupations et beaucoup d'ennuis. En second lieu, je ne prends aucun intérêt à un pareil sujet. Le seul cas du spiritisme que j'ai eu l'occasion d'examiner par moi-même, fut bien la plus fâcheuse fourberie que j'ai jamais vue. Mais même en supposant que ces phénomènes soient réels, ils n'auraient aucun intérêt pour moi. Si quelqu'un m'offrait d'entendre les radotages de quelques vieilles femmes ou de curés, dans la cathédrale la plus voisine, je déclinerais cet avantage, ayant beaucoup mieux à faire. Si les habitants du monde spirituel ne parlent pas avec plus de sagesse et de sens commun que ne le rapportent leurs amis, je les classe dans la même catégorie.

Le seul avantage que puisse, selon moi, procurer la démonstration de la réalité du spiritisme, serait de fournir un argument de plus contre le suicide.

J'aimerais mieux vivre comme un balayeur

de rue que d'être condamné, après ma mort, à débiter des niaiseries par l'organe d'un médium à un louis la séance.

Je suis, etc., etc.
T.-H. HUXLEY.

RAPHAEL CHANDOS écrit dans les *Annales Psychiques* (page 312) :

Je me résume : Les faits dits spiritiques sont douteux, ils exigent une étude compliquée, minutieuse, détaillée. Prouvez ces faits d'abord et nous verrons ensuite.

Quant à la théorie spirite, elle ne tient pas debout, et c'est perdre son temps que de la soutenir ou de la combattre.

AUGUSTE VACQUERIE, qui assista, à Jersey, aux expériences, chez Victor Hugo, a déclaré depuis, qu'il avait été crédule, dans l'île, impressionné par le milieu et le cadre, mais qu'à Paris, il était redevenu sceptique, dès qu'il avait vu un de ses amis perdre la raison devant les « souffles de l'inconnu ».

Albert Caillet, parlant du spiritisme, dit que si sa tête est au ciel, ses pieds sont bien près de la boue.

Victorien Sardou *fut un dramaturge de premier ordre. Il savait, comme pas un, charpenter une intrigue. Il fut spirite; lui, au moins, eut le spiritisme désintéressé, mais en quoi son génie dramatique peut-il étayer la thèse de ses coreligionnaires ?*

Il est vrai qu'il écrivit un drame : Spiritisme, qui est loin d'être sa meilleure œuvre ; il est vrai aussi qu'il s'intéressa à ces questions, qu'il fut même à un moment donné disciple fervent d'Allan Kardec ; il est vrai que sa foi ne résista pas, et qu'il finit en curieux, non en adepte de ces doctrines.

Léo Claretie.
(*La Vie Féminine*, 2 avril 1916).

Philip Davis, dans *la Fin du Monde des Esprits* (page 291), écrit :

N'est-il pas curieux jusqu'au comique de voir la plupart des grands écrivains de l'Antiquité et des temps modernes, évoqués selon la mode ordinaire, c'est-à-dire par la table et les coups frappés, ignorer jusqu'au premier mot, jusqu'au titre des ouvrages qui ont fait leur gloire ?

Le Substitut Dubois, à la septième chambre correctionnelle de Paris, a déclaré que, comme magistrat, il n'avait aucune opinion à émettre ; mais que, comme homme, il considérait le spiritisme comme une colossale mystification exercée par un petit nombre de mystificateurs contre un nombre plus considérable de dupes.

Gazette des Tribunaux, 18 juin 1875.

Georges Meunier, dans les *Montreurs d'esprits* (p. 2), s'exprime ainsi :

Dans l'humanité ordinaire, celle de tous les jours, vous rencontrez des menteurs, des coquins, des fripons, des filous, des escrocs ; vous côtoyez des imbéciles, des naïfs, des fous, mais vous vous frottez aussi à d'honnêtes gens et à des êtres bien équilibrés qui ne divaguent point. D'instinct vous vous rapprochez de cette humanité normale et vous fuyez comme la peste le coquin et l'idiot.

Celui qui met le pied dans le marécage spirite n'a pas la même ressource. Il rencontre bien parfois un homme intelligent et honnête, mais c'est là une bonne fortune assez rare. L'air ici n'est guère propice qu'à l'éclosion et au développement des fripons et des timbrés. Et c'est pourquoi, d'ailleurs, les gens qui ont le corps, l'esprit et le moral sains, fuient ce pays, ou ne s'y aventurent, lorsqu'ils sont obligés, qu'avec un profond dégoût et une grande tristesse. L'escroc répugne à l'honnête homme, et le fou, même lorsqu'il est drôle, attriste.

LES TABLES TOURNANTES

La légende des tables tournantes est tellement enracinée qu'il sera, je pense, impossible de la détruire, les spirites ayant intérêt à la maintenir, car avec sa chute tout le spiritisme s'effondrerait.

Combien de milliers de personnes affirment qu'un morceau de bois peut s'animer, qu'une table peut valser et même encore parler ?

A certaine époque, il n'y avait pas un salon où l'on ne faisait parler les tables, pas un atelier de midinettes où l'on n'essayait de causer avec l'esprit invisible.

Trois opinions se sont formées parmi les adeptes de ces manifestations singulières :

Les « religieux » attribuent ces faits au démon.

Les « spirites » à l'âme des trépassés.

Les « scientifiques » à une force inconnue qui a raison de la matière.

Bien des fois j'ai, par simple curiosité, et souvent pour être agréable à des personnes qui me soutenaient la réalité de ces phénomènes invraisemblables, eu la patience de rester des heures entières en attendant un résultat qui ne s'est jamais produit. On m'a toujours donné pour excuse que parmi les personnes présentes il n'y avait pas de médiums. Si, par hasard, il s'en trouvait un, la table ne marchait pas davantage, le soi-disant médium préférant, sans doute par prudence, ne pas montrer ses talents, sous peine de perdre son prestige.

Que de savants ont été abusés par ces pseudo-manifestations?

Que d'encre dépensée pour établir et maintenir cette superstition?

Dernièrement, dans une des principales églises de Paris, un prédicateur célèbre déclarait devant un auditoire de choix qu'il avait assisté plusieurs fois, en province, à ces expériences, et que, s'il croyait à la réalité de ces phénomènes, il était sceptique sur la valeur des conversations.

Si j'avais eu l'occasion de parler à ce révérend, je lui aurais simplement demandé de prier les personnes qui avaient fait marcher et parler les tables devant lui d'essayer de recommencer devant moi, et je lui aurais affirmé qu'elles ne marcheraient plus.

L'affirmation d'avoir vu se produire le phénomène ne prouve pas qu'il existe, mais que, même un prédicateur célèbre, a pu être mystifié.

Depuis des années je cherche encore la personne qui obtiendra ce résultat devant moi. Toutes celles qui ont essayé ont échoué, en voulant me convaincre. Les seuls mouvements qu'elles ont obtenus étaient dus au déplacement du centre de gravité et à la pression des mains, plus ou moins exercées, des pseudo-médiums, qui faisaient marcher les guéridons comme on fait marcher un porte-plume pour écrire.

Cependant, j'ai vu des tables lourdes autour desquelles plusieurs personnes faisaient la chaîne des mains s'enlever grâce à des compères munis de crochets spéciaux dissimulés par leurs manchettes. Procédé que j'ai décrit dans mon volume : *Trucs et mystères dévoilés* (Pages 109-110 et 111).

Après un banquet on voit quelquefois tourner les tables ; mais est-ce les tables qui tournent ou les têtes de ceux qui sont autour ?

Beaucoup de savants, cependant, affirment avoir vu des tables se soulever seules dans l'espace sous l'influence du médium. Certains, exagérant la citation, ont même vu des tables voltiger au plafond, se retourner et les pieds rester fixés à celui-ci, puis retomber lourdement après avoir fait le « looping the loop » dans l'air.

Je rappellerai à ces narrateurs fantaisistes la déclaration du physicien *Babinet* :

Les portes de l'Académie des sciences sont ouvertes ; que quelqu'un se présente et qu'au moyen de tant de médiums qu'il voudra, mais sans contact, sans autre support que la volonté, il maintienne dans l'espace un corps pesant, plus compact que l'air, il sera proclamé, instantanément, le premier savant du monde entier.

Et cette autre du *docteur Grasset* (Le Matin, 18 mars 1908) :

C'est inconsciemment que les spirites attablés autour d'une table ont de petits mouvements légers, dont l'ensemble produit de grands effets.

Allons, Messieurs les spirites, un peu moins de théories, un peu moins de discussions. Si vous voulez prouver que le phénomène existe, les portes de l'Académie vous sont ouvertes. Jusque-là, nous restons sceptiques.

UN DÉFI

En 1908, le docteur Gustave Le Bon et le prince Rolland Bonaparte offraient un prix de 2.000 fr. au médium qui, devant eux, en pleine lumière, déplacerait un objet sans contact.

Détournant la question, le journal *L'Éclair* offrait onze cents francs au prestidigitateur qui imiterait ce phénomène.

Voyons, il faut être logique. Pour imiter un phénomène il y a deux conditions à remplir :

1° Que le phénomène existe ;

2° Le produire devant les personnes à qui on demande de l'imiter.

Or, M. Gustave Le Bon est logique en demandant la production d'un phénomène, dont il doute, alors que des savants qui en ont été témoins ont pu être trompés. Ce qui fait douter, non de leur savoir ou de leur bonne foi, mais de leur compétence en la matière. Moi, je prétends qu'un simple garçon de cirque ou de music-hall, appelé par son travail à servir les truqueurs, est plus apte à démasquer les « montreurs d'esprits » que tous les membres de l'Académie réunis.

Quant au journal *L'Éclair*, il permet simplement aux spirites d'établir une équivoque et leur ouvre une porte de sortie.

En 1912, le docteur Charpentier, de son côté, offrait également une somme de 2.000 fr. à celui qui réussirait à produire ce phénomène. M. Fernand Girod, de la *Vie mysté-*

rieuse, annonça qu'il relevait le gant et des pourparlers s'engagèrent.

Un Indien, M. B. G., offrit, de son côté, d'ajouter 3.000 fr. au prix de 2.000 par la lettre que voici :

Monsieur le Rédacteur en chef,

Je suis prêt à ajouter 3.000 fr. à la somme de 2.000 fr. offerte par le docteur Charpentier si M. Girod peut réaliser les phénomènes dans les conditions d'un contrôle exercé non seulement sur le médium, mais sur lui-même. Pour ceux de vos lecteurs qui croient encore aux phénomènes de ce genre, je dois leur faire savoir qu'il y a une récompense de 250.000 fr. offerte par l'éditeur de "Pearson magazine", de Londres, à ceux qui peuvent prouver leur véracité. Jusqu'à maintenant, aussi bien en Angleterre qu'en Amérique, ce prix reste dans le coffre-fort du donateur.

M. Marriott, dans ses articles, a bien mis

à jour les supercheries par lesquelles de grands professeurs, comme sir William Crookes, sir Oliver Loodge et Alfred Wallace, furent dupes de ces intermédiaires entre ici et l'au-delà.

La croyance dans les spirites, fantômes, apparitions et les miracles de ce genre, est l'héritage du peuple de l'Indoustan, où je suis né, et cela m'étonne fort que même dans cette capitale intellectuelle du monde qu'est Paris, il y ait encore assez de naïfs pour avoir foi dans ces charlatanismes.

M. B. G.

Mais M. Girod et son médium ? Mlle Mary Demange ayant trouvé les conditions de contrôle par trop... *gênantes* (sic), se dérobèrent et une fois de plus la table resta immobile, malgré les promesses du secrétaire général de la Société internationale de recherches psychiques. — Ouf !

Un monsieur *Chevreuil* (ne pas confonder

avec l'illustre savant décédé), offrit alors 20,000 fr. au prestidigitateur C... à condition que celui-ci reproduirait, par fraude, deux expériences relatées, l'une dans le rapport de l'Institut général psychologique, l'autre dans un livre du colonel de Rochas.

C..., bien entendu, ne répondit pas à cette élucubration, que le *Matin* ne jugea pas utile de publier, au grand désappointement de son modeste auteur.

En effet, la proposition est la même que celle que ferait une personne à un peintre en lui disant : — Il y a au musée de X... un tableau de Y... Je vous offre 20.000 fr. si vous le reproduisez *sans le voir*, en vous basant sur la description de ceux qui disent l'avoir vu.

Au sujet des expériences dont le fantaisiste Chevreuil demande la reproduction, je ne conteste pas la déclaration des personnes qui ont assisté aux séances et qui ont constaté ce qu'elles ont vu. — Mais leurs yeux ont vu faux. Ils n'ont pas vu ce qu'ils ne devaient pas voir et par conséquent les déclarations de ces témoins ne sont pas conformes à la réalité si elles sont l'expression de la vérité pour eux.

Quant aux conversations obtenues par l'intermédiaire du guéridon ou de la table, dont un des pieds, sous la pression exercée par le médium, frappe le sol pour indiquer les lettres de l'alphabet, comme un cheval savant, au cirque, frappe avec son pied, c'est tellement « absurde » que je juge inutile d'en parler.

J'ai toujours regardé avec un sourire amusé les gogos qui patiemment attendent le message de l'au-delà transmis par l'opérateur, et la naïveté des grands enfants qui sérieusement discutent sur ses « *mouvements inconscients!* »

COUPS FRAPPÉS. RAPS

Quant aux coups frappés dans les murs, ou au plafond, souvent on a surpris les auteurs de ces manifestations et chaque fois on s'est aperçu qu'ils étaient l'œuvre de fumistes qui cherchaient à discréditer des immeubles, ou à affoler des locataires. Quelquefois ce sont des enfants vicieux prédisposés à l'hystérie, futurs sujets pour les magnétiseurs, qui éprouvent un malin plaisir à mystifier leur entourage et passent pour des médiums remarquables.

Souvent ces bruits paraissent se produire dans des tables. Chaque médium emploie un procédé qui lui est particulier pour produire ces coups, qu'on appelle des « raps, » et l'énumération complète en serait trop longue.

Les plus usités sont de légers frottements avec l'ongle sur le bois (quelquefois l'ongle est enduit de colophane pour augmenter le son), des craquements produits par les os de la jambe, du bras, et souvent du péroné; par des contractions rythmiques musculaires, par des coups frappés avec le pied sur le pied du guéridon, par un dispositif spécial dissimulé dans la bottine et que le pouce du pied fait agir, par un petit appareil fixé au genou sous le pantalon, etc., etc.

Quelquefois les meubles sont truqués. On fabrique des guéridons, d'apparence sans valeur, qui possèdent à l'intérieur du plateau, dans l'épaisseur du bois, une lame de ressort.

Quelle que soit la place où l'on appuie la main à plat sur le guéridon, aucun bruit ne se produit; mais si on exerce une pression avec le poignet sur le rebord du guéridon, à un endroit désigné par une nervure du bois, la lame du ressort produit un coup sec à l'intérieur du meuble.

Je ne parlerai pas des causes naturelles de ces bruits, car, alors, ils se produisent par hasard ou par intermittence et non à la volonté. Ils sont dûs à l'influence de la sécheresse ou de l'humidité sur le bois, à un tassement de la muraille, au grincement d'une girouette, au soulèvement des tuiles par le vent; à une innocente souris, à un oiseau tombé dans une cheminée, aux conduites d'eau, de gaz, à des phénomènes acoustiques, etc., etc.

Dernièrement, à Paris, le quartier de la rue de Lancry était mis en émoi par des bruits étranges. De l'enquête à laquelle on se livra, il résulta qu'ils provenaient du geindre d'un boulanger qui pétrissait sa pâte dans une cave. — Ce jour-là, les esprits étaient dans le pétrin, et sérieusement.

L'OUI-JA

Pour remplacer la table, les médiums ont imaginé une planchette qu'ils intitulent « l'Oui-jà » ou appareil de télégraphie sans fil, pour communiquer avec les esprits !!...

Avec cette planchette sur pieds munis de roulements à billes et d'une flèche indicatrice, ils suivent un alphabet placé sur la table et notent les lettres à chaque arrêt de la flèche.

Pour croire que ce sont les esprits qui conduisent le bras du médium et non sa volonté, il faut être atteint au premier degré.

D'autres, plus pratiques, remplacent un

des pieds par un crayon. Ils obtiennent un autographe de l'au-delà vendu très cher à une personne atteinte au... second degré.

Le dernier cri a amené les médiums à opérer avec un bandeau sur les yeux ; mais chacun sait qu'avec ce bandeau on triche et que ce perfectionnement, emprunté aux voyantes de music-hall, n'empêche nullement l'opérateur de voir quand même. Il faudra, messieurs, trouver mieux pour nous convaincre.

REVUE DES MÉDIUMS

En passant en revue quelques médiums connus nous verrons quels sont les procédés employés par eux pour frauder, et nous constaterons les ruses souvent grossières qui leur sont familières.

Malgré leur habitude de mystifier les autres, il y a certainement parmi les médiums des honnêtes gens et mon intention n'est pas de suspecter leur honorabilité, leur vie particulière et privée, mais de *discuter professionnellement leur attitude*.

En fait d'inconscience, je ne leur reconnais

que celle de ne pas se rendre compte du mal qu'ils commettent en exerçant leur coupable industrie, de la profanation à laquelle ils se livrent en jouant avec les morts, dont nous devons avoir le culte et que toute société civilisée doit respecter..

QU'EST-CE QU'UN MÉDIUM?

Lorsqu'on aura lu les pages suivantes on sera édifié sur la sincérité des médiums et sur la valeur des phénomènes ridicules avec lesquels ils ont cherché longtemps à faire croire à une intervention surnaturelle.

On sera plutôt porté à classer ces farceurs dans la catégorie des pitres de foire que dans celle de membres d'académies scientifiques.

Cette profession de médium présente des avantages pour celui qui joint à l'esprit de mystification le désir de bien vivre aux crochets des autres.

Cette sorte de parasite international se rencontre principalement chez ceux qui sont « nés fatigués. » Leur enfance, généralement, n'a eu d'occupation plus importante que de jouer mille tours à ceux qui étaient chargés de les élever.

Leur instruction, généralement, est nulle, car leur penchant mauvais les a toujours éloigné des études sérieuses.

Chez beaucoup la responsabilité peut être atténuée par un état particulier, résultant d'une tare de naissance, qui en fait des sujets hystériques prédisposés à ce genre de mystification, qui leur procure une existence facile exempte de travail.

Devenu grand, le médium est recherché par les adeptes du spiritisme ; ses cachets atteignent parfois ceux des ténors les plus en vue et les savants ont besoin de lettres d'introduction pour les approcher.

Quelques-uns réussissent à se faire entretenir, pendant des mois et même des années, par des déséquilibrés qui les entourent de soins et de prévenances, ou par des roublards qui, sous le couvert d'études scientifiques ou de salons d'expériences, y trouvent des appuis financiers de la part de commanditaires intéressés à la question, véritables barnums de la science qui cherchent à se mettre en relief.

Présentés par ceux-ci au monde savant, les princes de la science, ne voyant en eux que des sujets remarquables auxquels s'intéresse telle ou telle personnalité du monde spirite, au lieu de les traiter comme ils le méritent, les regardent avec une paternelle dévotion.

Ah ! si, à ce moment, le Docteur X..., le Professeur Y..., le Haut Magistrat Z... pouvaient lire la pensée du médium, deviner les expressions triviales dont il le gratifie, d'une façon muette, ils rougiraient sous l'affront. Mais, tout à leur mission, ils ne soupçonnent pas cette scène mentale et se préparent à devenir les observateurs et contrôleurs de vulgaires mystificateurs qui leur imposeront leurs conditions de contrôle et refuseront de se soumettre à celles que ces contrôleurs pourraient croire utiles, sous le prétexte que cela troublerait les esprits. Si le médium est assez adroit pour ne pas se laisser prendre en défaut, il est classé comme un phénomène extraordinaire et, intérieurement, il se paye la tête de ceux qu'il vient de rouler.

Si par hasard un faux mouvement le démasque et établit la mystification, les savants se retirent en déclarant que cela ne compte pas, en attendant la prochaine occasion de se faire moquer d'eux une fois de plus.

LES DAVEMPORT

Les frères Davemport vinrent à Paris en 1865 précédés d'une réputation colossale. D'après les journaux américains et anglais, nouveaux Icares, précurseurs des aéroplanes, ils voltigeaient dans le vide n'ayant pour point d'appui que leur fluide. Or ils sont venus à Paris... par le bateau et par le chemin de fer.

Ils donnèrent leurs séances à la salle Philippe Hertz, à un prix d'entrée très élevé, pour n'avoir qu'un public d'élite.

Ces frères se faisaient ligoter et enfermer

dans une armoire. Chaque fois que l'on fermait les portes, des instruments de musique, placés près d'eux, se livraient à un concert infernal et lorsqu'on rouvrait les portes on retrouvait ces frères solidement attachés.

Le public se rendit compte que ces esprits n'étaient pour rien dans la production de ces phénomènes : il se fâcha et démolit la fameuse armoire.

Les Davemport retournèrent en Amérique, et on n'entendit plus parler d'eux, si ce n'est il y a quelque temps par l'annonce de leur mort.

Depuis ils n'ont donné aucune nouvelle de l'autre monde et pour cause.

HOME

Home ou Hume était le médium favori de l'empereur Napoléon III et de l'impératrice Eugénie. En 1857 il faisait les délices des Tuileries et était devenu si indispensable à la Cour que lorsque leurs Majestés se retiraient à la campagne elles faisaient venir leur médium.

Un jour à Biarritz dans une pièce cinq personnes étaient réunies. Home était assis devant une table. A sa droite l'impératrice Eugénie lui tenait une main. A sa gauche l'Empereur tenait l'autre. En face un Maréchal de la Cour. Contre le mur un dignitaire, nommé Morio, était chargé d'allumer et d'éteindre la lumière.

Sur la table une sonnette. Aussitôt que la lumière était éteinte la sonnette s'agitait, la robe de l'Impératrice était tirée et une main invisible et parfumée lui caressait le visage.

Mais M. Morio veillait : au bon moment il alluma. Qu'est-ce qu'on vit? Que la main invisible et parfumée qui caressait la joue de la noble souveraine n'était autre que... le pied du médium.

En effet Home était chaussé de souliers larges, sorte d'escarpins, faciles à ôter et à remettre sans faire usage des mains, sa chaussette était coupée et formait une espèce de mitaine laissant les doigts libres.

Dès que la lumière était éteinte Home, qui était un peu disloqué se servait de son pied comme d'une troisième main. C'est lui qui agitait la sonnette et qui caressait la joue de l'Impératrice.

Home était étranger et l'Empereur, furieux d'avoir été mystifié pendant plus d'un an, lui appliqua un arrêté d'expulsion.

Depuis Home est mort en Angleterre,

VALENTINE ET LE COLONEL DE ROCHAS

Le colonel de Rochas, ancien administrateur de l'École Polytechnique, qui faisait autorité dans le monde des spirites, a pu constater lui-même quantité de fraudes.

Un jour notamment un médium, nommé Valentine, produisait devant lui, dans l'obscurité, des lueurs phosphorescentes, le colonel alluma, par surprise, une petite lampe électrique de poche et vit que Valentine ayant relevé ses jupes faisait des ronds dans l'air avec ses jambes nues enduites de phosphore.

LE MÉDIUM DE SARAK

De Sarak, de son vrai nom Sgaluppi, a voyagé sous les noms de Sartini, chevalier Albert, Martini, comte de Das, etc., etc. En 1910 il donna à Paris une séance à l'Hôtel Continental et cette séance fut un effondrement pour lui. Elle eut lieu devant une centaine de personnes parmi lesquelles quelques représentants de la Presse parisienne.

Comme matérialisations spirites il devait obtenir :

1° La naissance spontanée de poissons.

2° La germination immédiate du blé.

J'emprunte à la *Liberté* le compte-rendu de ces expériences miraculeuses :

Il annonce qu'il va faire éclore des œufs de poisson. Le comte de Sarak se fait attacher les mains, et désigne lui-même dans la salle, des personnes qui surveilleront de près l'opération. Le Maître s'assied, on l'enveloppe d'un drap blanc, sauf la tête (la barbe ? les cheveux ?... schampoing ?) ; on place le bocal sur ses genoux, sous le drap. Comme la lumière est très fatigante, lorsqu'on est en état de concentration, on éteint l'électricité, on recommande bien aux spectateurs de ne pas bouger de leurs places... musique... Le comte de Sarak pousse des gémissements inarticulés comme un garçon boulanger en fonctions, il prononce des phrases invocatrices où je reconnais le dialecte de Mamamouchi dans le « Bourgeois gentilhomme », et aux accents des Grenadiers de Schumann, chantés par l'artiste du piano, on rallume soudain l'électricité. L'aquarium brandi triomphalement, contient sept petits poissons rouges.

Une personne présente fait observer que chez les prestidigitateurs c'est mieux, car ils font apparaître avec l'eau et les poissons : le bocal.

Un des assistants distingua parfaitement, par un entrebâillement du drap blanc, un bout de tuyau tombant dans l'aquarium. En effet de Sarak avait une poche réservoir en caoutchouc dissimulée sous son vêtement. Cette poche contenait les poissons, lesquels étaient projetés dans le vase à l'aide d'une pression exercée.

Quant à la germination du blé voyons ce que dit *La Liberté* :

Le Mage prie alors un incrédule d'être témoin direct dans le miracle de la germination ; or, l'incrédule se trouve être un artiste connu, le sculpteur Arnold.

On lui met entre les mains le champ où

germera le blé (nous appelons cela l'Humus, dit scientifiquement le docteur Morisse). Dans cet humus, on loge 17 grains de blé dont cinq grains ont été teintés à l'encre de chine par un spectateur désireux de vérifier l'expérience. L'électricité est de nouveau éteinte : nouvelles passes, nouveaux gémissements du Mage qui, en outre, remue la surface du champ de blé avec des gestes rapides, et la racle au moyen d'un crayon... Miracle ! des tiges vertes apparaissent... 17 tiges vertes ! Pendant qu'on les fait passer dans la salle, le sculpteur Arnold, peu confiant, crible la terre qui lui reste dans la main... autre miracle ! il y retrouve les 17 grains de blé parmi lesquels l'homme à l'encre de chine peut reprendre les siens.

Or tout le miracle réside dans le crayon faux qui contient les tiges vertes qui sortent de ce tube.

L'ANGLAIS CRADDOCK

Dans le salon d'un spirite, un médium anglais, Craddock donnait en 1916 une séance de matérialisations.

Pour préparer les assistants privilégiés, des fleurs embaument le local, de l'encens brûle et une pianiste jette des flots d'harmonie.

Une cabine formée de rideaux noirs est réservée « au médium ». L'obscurité étant faite, celui-ci s'endort (?) et la séance commence.

Le maître de maison jette par terre deux

plateaux lumineux. Soudain l'un d'eux s'élève horizontalement et lorsqu'il arrive à la hauteur d'une personne, apparaît, derrière lui, une tête d'Indien, qui tient une conversation à laquelle les assistants ne comprennent rien, l'écran tombe et la vision disparaît.

Successivement plusieurs « Matérialisations » se produisent dans les mêmes conditions.

Mais ce que les invités ignorent et que le tenancier ne peut ignorer — malgré ses airs de spirite convaincu, c'est que le fameux médium est un ventriloque de talent, qui a composé son nouveau numéro à l'usage des spirites.

Comme Frégoli il se fait des têtes à l'aide d'accessoires dissimulés dans ses vêtements et les plateaux qui servent à l'éclairer sont enduits de sulfure de calcium et de stéarine. Selon leur inclinaison la tête grimée apparaît ou disparaît pour donner l'illusion d'une matérialisation et le talent du ventriloque fait le reste.

C'est impressionnant ; mais comme battage, c'est réussi.

D'après Georges Meunier, dans les *Montreurs d'esprits* un jour en Angleterre, où Craddock donnait une séance, on eut l'idée non seulement de le fouiller mais de procéder à la même formalité vis à vis de sa femme, qui l'accompagnait. On découvrit dissimulés sur elle tous les accessoires servant aux transformations de son mari.

ELDRED
(MÉDIUM ANGLAIS)

Un jour que ce médium donnait une séance particulière dans le salon de Mme B..., on eut l'idée de l'attirer dans une pièce voisine et, pendant son absence, d'examiner une chaise qu'il avait apportée. On découvrit dans le dossier, qui était creux, une cachette dans laquelle il dissimulait les objets servant à le grimer.

A sa rentrée dans le salon ce fut une exécution en règle.

SLADE ET L'ÉCRITURE SPIRITE

Ce médium américain était à Paris en 1886. Il produisait principalement le phénomène de l'écriture spirite. Slade prenait deux ardoises qu'il accouplait et ficelait avec un ruban, les plaçait sur une chaise, puis on s'asseyait dessus. Ce qui peut paraître irrévérencieux pour les esprits ; mais ceux-ci n'y regardent pas de si près, car ils ne sont susceptibles que lorsqu'on veut contrôler trop rigoureusement le médium.

Lorsqu'on séparait les ardoises, on y trouvait une communication écrite au crayon.

Dans mon volume *Trucs et mystères dévoilés* (pages 119-120), j'ai décrit avec gravure explicative, le procédé employé par Slade. Procédé qui consiste à intercaler entre ces deux ardoises, une feuille d'ardoise supplémentaire qui s'encastre alternativement dans le cadre de l'une ou de l'autre et la double selon que l'on tourne ou retourne les ardoises ficelées.

C'est ce feuillet qui recouvre et dissimule l'écriture tracée à l'avance sur une des deux ardoises, ou sur lequel se trouvent les caractères, si des incrédules veulent apporter des ardoises.

Un jour que Slade opérait devant un de mes amis, le regretté Auguste Germain, critique de l'*Echo de Paris*, celui-ci, averti par moi, ouvrait l'œil et le médium n'ayant pu introduire son feuillet d'ardoise préparé, l'expérience ne put réussir. Slade prétendit que les esprits n'étaient pas toujours disposés à se manifester et pour cause.

Voici un autre procédé employé également par les spirites.

Vous présentez une ardoise que vous ne montrez que d'un seul côté, car de l'autre vous avez écrit secrètement en gros caractères avec de la craie ordinaire. Avant de retourner l'ardoise pour montrer ce côté préparé vous tamponnez (sans frotter) sa surface avec une éponge mouillée (mais avec de l'alcool que l'on croit être de l'eau), le caractère disparaîtra tant que l'ardoise sera humide. Vous pourrez dès lors laisser voir les deux côtés. Plaçant l'ardoise sous un foulard ou sous un journal, au bout de quelques secondes, après l'évaporation de l'alcool, le caractère redeviendra aussi apparent que s'il venait d'être tracé par les esprits.

Quelquefois les médiums fixent secrètement un morceau de mine de plomb sous le plateau d'un guéridon puis prenant une ardoise sur laquelle ils déposent un crayon... ils appliquent le tout sous ce plateau... et entrent en trance... Les mouvements désordonnés et épileptiques qu'ils font dissimulent leur action et permettent à l'ardoise de recevoir le tracé fait à l'aide du petit morceau de mine de plomb dont on ignore l'existence.

En résumé au lieu que ce soit le crayon qui marche c'est l'ardoise qui fait les mouvements. Avec un peu de pratique on arrive très facilement à obtenir ce résultat.

Je ne citerai que pour mémoire le crayon fixé au pied d'un guéridon jouant le même rôle que la planchette ou Oui-jà dont j'ai expliqué le fonctionnement dans les pages précédentes.

Je rappellerai aux défenseurs de Slade que celui-ci a été condamné au « Hard Labour » pour escroquerie en Angleterre, et qu'il est mort dans une maison de santé, section des déséquilibrés.

SPIRITES DE FOIRE
(L'ÉCRITURE INVISIBLE)

Tous les lecteurs ont vu dans les Magic-City, Luna Park, sur les places publiques et dans les marchés ces médiums qui, après vous avoir demandé deux sous (ça c'est le commerce) vous montrent une feuille de papier blanc, qu'ils détachent d'un bloc-notes, et placent bien en vue dans un tube de verre que tient un pseudo-indien.

Quelques secondes après, quand ils retirent la feuille du tube, votre horoscope est écrit sur cette feuille.

Ici c'est la chimie qui agit.

Sur chacune des feuilles du bloc-notes l'horoscope a été écrit à l'avance avec de l'encre invisible (employez pour cela une solution incolore d'acétate de plomb ou extrait de Saturne). Lorsque la feuille de papier aura été placée dans le tube et soumise aux émanations de quelques gouttes d'acide sulfhydrique, qui y auront été préalablement versées, l'écriture apparaîtra.

CARANCINI
(MÉDIUM ITALIEN)

Le médium Carancini vint à Paris en 1913. Il produisit ses phénomènes dans une cage grillagée possédant deux ouvertures ou guichets lui permettant de passer ses mains extérieurement et de les placer sur une table installée devant et contre cette cage.

Deux personnes désignées contrôlaient chacune une des mains du médium pendant les expériences qui avaient lieu dans l'obscurité.

Le procédé de Carancini était celui de la

substitution des mains, si généralement pratiqué par tous ses confrères. Lorsque les deux contrôleurs étaient convaincus qu'ils étaient en contact avec les deux mains du médium, alors qu'ils contrôlaient tous les deux la même main, celui-ci se livrait avec la main libre aux récréations courantes. Il a été démasqué avant son départ de Paris, où ses fraudes ont été photographiées.

Linda GAZZERA
(MÉDIUM ITALIEN)

Linda Gazzera qui a été prise en flagrant délit de fraude, à la Société d'études psychiques, par le Dr Albert Charpentier, employait aussi le procédé de la substitution des mains pour produire ses matérialisations, et principalement celle de saint Jean dont elle accrochait l'image après les rideaux de son cabinet pendant la substitution des mains.

Lorsque ses mains étaient dans l'impossibilité de se dégager elle variait ses exercices en se servant de son pied.

Voici d'ailleurs la déclaration du Dr Charpentier (*Le Matin*, 30 janvier 1912) :

Je tiens à déclarer que devant témoins j'ai surpris Mlle Linda Gazzera en flagrant délit de supercherie. Dans l'obscurité, qu'elle exige pour la production des phénomènes il lui est facile de faire tomber les chaises placées derrière elle avec une de ses jambes, la jambe gauche généralement, de toucher avec son pied, le plus souvent parfumé, les assistants les plus rapprochés d'elle. Ceux-ci se privent d'ailleurs, naïvement, en faisant la chaîne des mains, comme le recommandent les prêtres de la Religion spirite, d'un des rares moyens de contrôle qu'ils aient à leur disposition dans l'obscurité.

Comme on obtint un soir, la permission de placer les deux jambes de Mlle Linda Gazzera dans un sac lié à la taille, j'étais bien tranquille sur l'issue de la séance, à la condition que les mains du médium fussent sérieusement contrôlées. C'est ce qui fut fait : le Dr J.-Ch. R... tenait la main gauche et moi-même la main droite. Aucun phénomène psychique, métapsychique ni subliminal ne se produisit. Un seul phénomène psychologique celui-là, devenait évident pour toute personne de bon sens. Mlle Linda Gazzera (tout comme le fameux médium Miller, que j'ai également surpris la main dans le sac) se livre à des exercices de grossière supercherie, dans un but qu'il est facile de comprendre lorsqu'on sait qu'à chaque séance assiste de six à dix personnes payant vingt francs chacune et que, sur ces dix personnes, il s'en trouve au moins deux qui se disputent l'honneur de recevoir le médium comme une princesse.

Après avoir lu la déclaration émanant d'un homme impartial on est fixé.

On ne peut pas reconnaître que les fraudes sont inconscientes de la part d'un médium lorsque celui-ci a pris le soin d'apporter des gravures pour produire ses... illusions.

Florence COOK
ET LE SAVANT William CROOKES

Je ne m'étendrai pas sur ce médium qui a été le héros de la plus colossale organisation de mystification à laquelle se sont livrés les spirites, pour convertir un savant illustre à leur cause, et lui faire délivrer, de bonne foi, des écrits certifiant la réalité de ces pseudo-phénomènes.

Dans la *Fin du monde des esprits*, Philip Davis raconte et commente en détail cette aventure qui tient du roman. Il nous montre cette organisation américaine, office de développement et fabrique de médiums, déléguant auprès de William Crookes, le savant anglais, un médium stylé : miss Florence Cook.

Nous suivons, pas à pas, les péripéties de miss Cook et de son fantôme Katie-King. Nous nous rendons compte des scènes de ventriloquie du prétendu médium vivant aux crochets du savant pendant plusieurs années. Nous constatons les progrès que font dans un cerveau organisé ces machinations destinées à amener ce cerveau à devenir le protecteur puissant sur lequel les organisateurs ont compté pour recruter des adeptes en masse en battant la grosse caisse à l'aide des déclarations de ce savant.

C'est une des aventures les plus curieuses et les plus suggestives de l'histoire du spiritisme. Elle montre les dessous de cette vaste entreprise qui a pour objet d'embrigader le cerveau humain.

Elle ne diminue en rien la personne qui a été l'objet de ces mystifications, sa science étant toujours au même degré, en dehors de cette monomanie.

LE MÉDIUM B...
(LES PHOTOGRAPHIES SPIRITES)

Voir la *Gazette des Tribunaux*,
17-18 juin 1875.

L'affaire des photographies spirites, qui remonte à 1875, est celle qui a porté le plus grand coup au spiritisme, non seulement parce qu'elle a atteint des médiums, mais en même temps un apôtre du spiritisme, directeur de publications spirites, devant inspirer la confiance aux adeptes.

Celui-ci, par l'intermédiaire de son journal doctrinaire battait la grosse caisse et recrutait des clients pour deux médiums qu'il savait être de faux prestidigitateurs, qu'il avait même aidés et le jugement les a tous confondus.

B... avait ouvert une photographie spirite où lorsqu'un client se présentait celui-ci était d'abord cuisiné, par une caissière, pour savoir quel était à peu près le signalement de la personne décédée dont il désirait avoir l'image.

Puis ce client passait au salon de pose où il attendait, pendant que le photographe médium faisait des passes magnétiques autour de sa tête pour évoquer... les esprits.

Pendant ce temps un employé, dans une pièce voisine, avait disposé, sur le corps d'une poupée articulée, une tête dont les traits se rapportaient au signalement fourni par la caissière, et qu'un voile agrémentait pour donner l'apparence d'un fantôme.

Après avoir impressionné ce mannequin

sur la plaque, sans la développer, l'opérateur apportait le châssis chargé à B... qui photographiait le patient.

Au développement les deux poses apparaissaient, se confondant sur la plaque.

Si le client reconnaissait, ou croyait reconnaître, dans le fantôme, toujours flou, la personne évoquée tout allait bien, sinon il ne pouvait réclamer les vingt francs payés d'avance pour les six cartes de visite commandées, car des écriteaux apparents prévenaient que la ressemblance ne pouvait être garantie pour les apparitions de l'au-delà.

Un jour la Police se mêla de cette affaire qui tourna à la confusion de ses industrieux auteurs.

Mais le plus curieux, dans ce procès, est l'attitude des victimes à l'audience qui ne veulent pas admettre qu'elles ont été trompées.

Un colonel d'artillerie soutient qu'il a reconnu l'image d'une ancienne amie à lui, malgré la vue des têtes, extraites de la « boîte aux ancêtres », que lui montre le Président. Il avoue qu'une tête de poupée ressemble à l'apparition ; mais que celle-ci était vraie.

Cette audition a provoqué l'hilarité du public admis dans la salle et qui a jugé le degré de la bêtise humaine.

Ce procédé photographique a servi également à de joyeux fumistes pour faire croire à un « halluciné du spiritisme » qu'il avait découvert le moyen de photographier... la pensée ?

Celui-ci ne s'était pas aperçu que, pendant qu'il savourait un bon déjeuner, un pince sans rire et son ami avaient substitué sa boîte de plaques à une préparée.

Cet homme n'a jamais compris que l'Académie des sciences ne lui ait pas décerné un galon de plus.

Le même, un jour, se rendit aux environs de Tours pour visiter le château de X... Arrivé aux souterrains il trouva le lieu propice aux apparitions. Il prit son appareil et fit exploser le magnésium. En développant la plaque apparut un fantôme sur son cliché. Vite il montre cette pièce à conviction à tous ceux qui veulent la voir.

Quelqu'un se reconnut dans le fantôme en question, il se rappela qu'au moment où jaillissait l'étincelle, à laquelle il ne s'attendait pas, il avait traversé vivement devant l'appareil. Il en fit part à l'éternel gobeur, notre spirite ne voulut rien savoir. Il prétendit avoir photographié un esprit qui hantait le château et envoya le cliché à l'Académie des sciences avec un rapport détaillé sur son haut fait. Heureusement que l'Académie est fixée depuis longtemps sur la valeur de ces documents, et qu'en dehors des séances, chacun rit du héros de ces aventures de monsieur de Crac.

L'AMÉRICAIN F. ET LE PETIT INDIEN

Voir la *Gazette des Tribunaux*.
17-18 juin 1875.

F..., médium américain, donnait chez lui à Paris, en 1875, des séances de matérialisations. Sa clientèle était principalement composée de personnes qui lui étaient adressées par le directeur d'un journal spirite et par un photographe spirite. Il a connu avec eux les rigueurs de la Justice dans le procès des spirites.

L'entrée avait lieu moyennant une cotisation de 5 francs, par personne, au profit des associés.

10.

Les séances étaient données dans l'obscurité.

Le médium faisait jouer plusieurs instruments de musique, par les esprits, pendant qu'il avait les pieds et les mains liés. Mais un soir on remarqua, sur les instruments, la trace des dents de F.... à l'aide desquelles il obtenait ces résultats.

Il produisait également la matérialisation d'un nain qu'il appelait : « le Petit Indien ».

Voici comment le truc fut éventé.

Un jour F... fut demandé pour donner une séance particulière chez le Dr H... Celui-ci confia à sa femme le soin de se cacher dans un réduit d'où elle pouvait tout observer. Or, au moment où le phénomène se produisait elle vit F... qui, dans le cabinet, se couvrait la figure d'un masque noir et d'un voile léger, se traînait sur les genoux pour dissimuler sa taille, puis écartant les rideaux se présentait aux invités.

A ce moment, Mme H..., sortant de sa cachette se précipita sur lui et lui arracha son manteau, preuve de la supercherie.

Cette affaire eut son dénouement à la correctionnelle où F... fut condamné avec ses rabatteurs, champions du spiritisme vrai et désintéressé ??... Champions que les spirites ont cherché à faire passer pour des victimes d'un complot... clérical ? Pour des martyrs de la science ?

Lucia SORDI
MÉDIUM ITALIEN)

Ce médium a besoin de tout un matériel pour produire ses phénomènes. Sans ce matériel, rien à faire, les esprits ne marcheraient pas.

Il se compose d'un cabinet organisé dans l'angle d'une pièce et fermé sur le devant par une double grille de barreaux de bois dont les uns sont écartés de 9 centimètres pour la première grille et de 6 centimètres pour la seconde. Devant cette grille un rideau monté sur une tringle et s'ouvrant par le milieu.

Lucia Sordi, enfermée dans la cage, entre en trance et on fait l'obscurité. Lorsqu'au commandement on rend la lumière rouge, sa tête se trouve hors de la cage, son cou emprisonné entre deux barreaux.

Les rideaux étant refermés et la lumière éteinte, lorsqu'on rallume celle-ci le médium a repris sa place sur la chaise à l'intérieur de la cage.

Puis la même manœuvre recommence mais cette fois Lucia Sordi est sortie de la cage et se trouve assise parmi les spectateurs.

Cette scène qui aurait plutôt sa place dans une séance de prestidigitation a été considérée comme une dématérialisation de la matière et une rematérialisation par ceux à qui on l'a servie comme spiritisme et à qui le truquage de cette enfance de l'art a échappé.

Si c'est avec ces parodies qu'on prétend démontrer les manifestations de l'au-delà je tremble d'effroi.

MISS WILLIAMS

Ce célèbre médium à matérialisations fut démasqué le 31 octobre 1894 dans le salon de Mme de X.....

Au moment où miss Williams venait de faire apparaître le fantôme d'un vieux professeur et de sa fille, trois assistants se précipitèrent sur les apparitions et on vit le médium simplement vêtu d'un collant noir. Sa figure était ornée d'une fausse barbe et d'une perruque représentant le vieux professeur. Avec sa main gauche Miss Williams tenait un masque d'enfant duquel pendait un voile.

La main droite du médium était munie d'une petite lampe à huile phosphorée avec laquelle il produisait des lueurs, selon qu'il bouchait ou débouchait cette lampe pour établir le contact de l'air avec le liquide.

Sur une chaise on croyait distinguer le médium ; mais ce n'était qu'une illusion de plus. En réalité on ne voyait que sa robe disposée sur un coussin creux, gonflé par l'air, et placé sur la chaise.

C'est dans la traîne de cette robe que Miss Williams dissimulait ses accessoires.

Comme elle était très bon ventriloque elle agrémentait la scène de voix, ce qui en augmentait considérablement l'effet.

Tous ces moyens réunis ne la protégèrent pas contre une chute retentissante qui porte un nouveau coup au spiritisme et à la légende des revenants.

MILLER

Le médium Miller qui vers 1908 produisait aussi des apparitions multiples à l'aide de chiffons et de gazes a été démasqué publiquement également. Il avait mystifié pendant quelques années les gens crédules à l'aide des leçons qu'il avait prises dans les offices de développement qui fonctionnent en Amérique et où on fabrique des Médiums à tous les prix.

Les fraudes de ce commerçant de l'au-delà ont été constatées par le Docteur Albert Charpentier.

LE FANTOME B. B.

VILLA CARMEN

Chacun a présent à la mémoire les prétendus phénomènes de la Villa Carmen à Alger. L'apparition du fantôme B. B... par Marthe B... qui a changé de nom et est devenue aujourd'hui Eva C... le médium de Mme Bisson.

C'est dans une salle appartenant au Général N... qu'eurent lieu les séances. Le local était une pièce située au-dessus d'une écurie-remise isolée dans le jardin. Dans le coin de cette pièce un baldaquin qui soutenait une sorte de rideau de théâtre formait... j'allais dire la scène... le cabinet du médium.

Marthe B... fille d'un officier retraité, qui était à ce moment la fiancée du fils du Général prétendait avoir le don d'émettre, dans l'obscurité, un fluide lumineux qui prenait la forme d'un fantôme barbu à l'aspect carnavalesque.

Le professeur Richet sollicité de contrôler ces apparitions se rendit à Alger, constata ce phénomène, il vit le fantôme marcher, entendit le bruit de sa respiration (car il paraît que les fantômes respirent), il le pria de souffler dans une bouteille contenant de l'eau de baryte limpide. Le fantôme souffla avec complaisance et au contact de son souffle l'eau devint blanchâtre, formant ainsi du carbonate de baryte.

Les spectateurs émerveillés applaudissaient et le fantôme saluait, comme l'aurait fait un artiste acclamé par une foule idolâtre.

L'illustre professeur prit, à l'aide du magnésium, quelques clichés de B. B. qu'il remporta à Paris.

Les avis des savants furent partagés sur cette apparition grotesque et le Docteur Valentin prétendit que son confrère avait été mystifié, c'était mon avis. Aussi j'écrivis à ces messieurs une lettre leur disant que puisqu'ils formaient une commission qui devait se rendre à Alger je leur offrais de me joindre à eux et de leur livrer le truc employé ; mais les Princes de la science qui prétendaient chercher la lumière, éteignirent celle que je leur offrais. Singulière façon de s'éclairer.

Cela n'empêcha pas la vérité de transpirer, à la confusion des spirites, et au rire des sceptiques.

En février 1906, Me Marsault du barreau d'Alger écrivit, dans les *Nouvelles d'Alger*, que quelque temps auparavant, il se trouvait à la Villa Carmen avec M⁰ Edmond Journan. Après dîner, tandis que les deux amis se trouvaient retirés à l'écart avec Mlle Marthe Béraud, celle-ci, avec mille éclats de rires, leur narra comment elle avait mystifié le Professeur Richet et ceux qui avaient assisté à ses séances. Et disparaissant derrière les rideaux noirs du cabinet médiumnique, elle reparut bientôt enveloppée dans un long voile de gaze blanche, et, ses rires redoublant, elle acheva de démontrer aux deux jeunes gens avec quelle facilité on pouvait, l'illusion et la crédulité aidant, faire apparaître aux gens graves le fantôme d'un vieux prêtre Hindou.

Eusapia PALLADINO
(MÉDIUM ITALIEN)

Eusapia Palladino est née en 1854 à Minervino-Murge-Italie. Elle perdit sa mère presque aussitôt après sa naissance, et son père fut assassiné par des brigands alors qu'elle n'avait pas huit ans. Successivement elle fut recueillie par une grand'mère qui la brutalisait et par des étrangers.

Pour vivre elle exécuta d'abord des ouvrages de lingerie. Mais principalement elle attirait l'attention des gens par de prétendues manifestations bizarres qui lui valurent de faire la connaissance d'un certain Chiaia, qui s'occupait d'occultisme, et qui la prit à son service et développa ses qualités de médium (?) Alors elle se lança. Elle ne possède aucune instruction mais, par contre, un orgueil exagéré qui lui fait dire souvent : S'il y a beaucoup de savants et de rois, il n'y a dans le monde qu'une Eusapia !...

Je pense que la meilleure façon de la juger est de reproduire les opinions qui ont été émises sur son compte :

En premier voyons parmi les procès-verbaux qui ont été rédigés par des personnes qui ont assisté en novembre 1898 chez Camille Flammarion, celui de monsieur Antoniadi, un des préparateurs et observateurs de l'Observatoire de Paris.

Il est très affirmatif et on verra, en le lisant, que ces séances constituent plutôt des mystifications dont les savants sont victimes que des études scientifiques.

Séance du 21 novembre 1898.

Rapport de M. Antoniadi.

Contrôleurs : Antoniadi, Mathieu, Amelin.

Assistants : M. et Mme Flammarion, M. et Mme Brisson, M. Baschet, M. Jules Bois, Mme Fourtou, Mme la comtesse de Labadye.

Je vous assure sur ma parole d'honneur que mon attitude silencieuse, observatrice, m'a convaincu, au-delà de toute espèce de doute, que tout est fraude du commencement jusqu'à la fin, qu'il n'est pas douteux qu'Eusapia substitue invariablement ses mains ou ses pieds, et que jamais la main où le pied que l'on est censé contrôler ne serre fort au moment de la production des phénomènes.

Ma conclusion certaine est que rien ne se produit sans substitution.

Je dois ajouter ici que pendant un certain temps j'ai été très étonné d'être touché très fort sur le dos, derrière le rideau, tandis que je tenais très distinctement deux mains avec ma main droite.

Heureusement, cependant, en ce moment Mme Flammarion ayant fait un peu de lumière j'ai vu que je tenais la main droite d'Eusapia et... la vôtre (celle de Flammarion) ???

Extrait des Forces naturelles inconnues, page 149.

Le savant italien Lombroso ayant de son côté assisté à des expériences faites par Eusapia Palladino déclare :

Un phénomène extraordinaire est observé lorsque Eusapia étant assise, les mains et les pieds ligotés, s'élève très lentement jusqu'à pouvoir rejoindre le plan de la table et s'y asseoir.

Sous les aisselles on voit seulement deux « mains spirites » qui l'aident. Cette expérience a été sérieusement contrôlée.

Je suis parfaitement convaincu de l'authen-

ticité des phénomènes présentés par la Palladino. Cependant lorsqu'elle n'est pas en état de pouvoir les reproduire parfaitement « elle a la faiblesse de recourir à des trucs ».

(Le Matin, 12 avril 1908).

Le docteur Gustave Le Bon écrit qu'il est permis de douter du contrôle mais non de la foi robuste des observateurs.

Les esprits dont les mains spirites aidaient Eusapia à soulever si facilement son propre poids, ou des tables très lourdes, lui refusent obstinément leur assistance sitôt que de fâcheux sceptiques examinent les choses de très près.

A l'Institut psychologique elle avait souvent fait fléchir un pèse-lettre à distance et les convictions commençaient à se former, bien qu'on l'eût surprise plusieurs fois abaissant le plateau avec un cheveu tenu entre ses doigts. Un assistant continuant à soupçonner la fraude, prit la précaution de recouvrir de noir de fumée le plateau, ainsi que le fléau et l'index du pèse-lettre.

Tout contact de fil ou de cheveu devait ainsi immédiatement se déceler par une trace sur le noir de fumée. A partir de ce moment, Eusapia ne put agir une seule fois à distance sur le pèse-lettre.

Opinions et croyances (page 300).

Le professeur *Charles Richet* écrit dans les Annales des sciences psychiques (Page 20).

Mais de même je ne dois pas négliger de dire que jamais il n'y a eu de main sentie quand les mains d'Eusapia étaient en pleine lumière, ou tenues toutes les deux par un fil ou tenues par la même personne.

Et plus loin le professeur Richet ajoute (page 31) :

Quelques absurdes et ineptes que soient les expériences faites par Eusapia, il me paraît bien difficile d'attribuer les phénomènes produits à une supercherie, soit consciente, soit inconsciente ou à une série de supercheries. Toutefois la preuve formelle, indéniable, que ce n'est pas une fraude de la part d'Eusapia et une illusion de notre part, cette preuve formelle fait défaut.

Le professeur Richet reconnaît donc d'une façon formelle :

1° Que les mains ne se sont pas manifestées lorsque le contrôle était sérieux ;

2° Que les expériences étaient absurdes et ineptes ;

3° Que la preuve formelle de la fraude lui fait défaut.

Mais si cette preuve lui fait défaut, il admet qu'elle peut exister et par cela même il avoue qu'il n'est pas certain que les phénomènes soient véritables. C'est clair, c'est net.

En un mot le professeur Richet a constaté l'effet produit sur lui par ce qu'il a vu ; mais sans pouvoir se rendre compte s'il était en présence d'expériences ou de mystifications, les éléments lui faisant défaut, pour conclure.

Ce n'est donc pas avec ces déclarations, incolores, que les spirites peuvent se baser pour affirmer leurs prétentions.

Opinion du professeur *Dastre* :

Pour les phénomènes d'Eusapia tout ce qu'il m'a été donné de voir était truqué.

Il est d'ailleurs extrêmement difficile de contrôler pareilles expériences. Toutes les conditions nécessaires pour pouvoir commencer une séance sont pour ainsi dire choisies de telle façon qu'elles empêchent un contrôle sérieux.

Quand le médium sent autour de lui un

contrôle sérieux de ses moindres gestes, les expériences ne réussissent pas.

La fatigue même du médium après une séance doit provenir, je crois, de l'attention considérable qu'il développe à tout instant pour saisir le moment propice où il pourra produire un phénomène quelconque.

Je ne crois donc point, conclut monsieur Dastre, à la réalité de ces phénomènes étranges.

(Le Matin, 14 mars 1908.)

Je pense qu'il est inutile de faire aucune réflexion sur cette déclaration qui est précise et formelle. Elle émane d'un savant distingué, qui ne s'est pas laissé influencer par l'entourage ou par le Décor. Il se prononce catégoriquement et ne ménage pas la chèvre et le chou.

Il fait justice de ces mystifications aussi absurdes que nuisibles. Il rend un service à la cause de la science et de la vérité.

Opinion du Professeur *d'Arsonval*.

Laissons de côté les phénomènes d'attouchement, d'apparitions de mains ou de matérialisations qui s'expliquent facilement par des fraudes ou des acrobaties.

Ce dont nous n'avons pas l'explication, pour le moment, ce sont les phénomènes de soulèvement de table, mais malgré les précautions prises la supercherie a pu se produire.

Eusapia est un sujet détestable pour ce genre de recherches. Elle s'arrange toujours de façon à rendre impossible tout contrôle sérieux et permanent.

Nous l'avons prise souvent en fraude : mais les fraudes constatées n'expliquent pas tous les phénomènes observés.

(Le Matin, 22 mars 1908).

Opinion du professeur italien *Morselli*.

La Palladino elle-même trompe parfois

ceux qui assistent à ces séances, en substituant de faux phénomènes aux phénomènes véritables qu'elle est capable de produire.

(Le Matin, 28 mars 1908).

Opinion de M. Jules Bois.

L'au-delà est souvent le domaine des charlatans, c'est le capital fictif de banquiers mystiques véreux. Lorsqu'on me parle de l'immortalité de l'âme, me disait une dame de mes amies, je mets aussitôt la main sur mon porte-monnaie.

(Le Matin, 30 mars 1908).

Opinion de M. Branly.

Le savant Branly a déclaré au docteur Gustave Le Bon que ce qu'il avait vu ne lui avait apporté aucune conviction.

(Opinions et croyances, page 297).

En résumé l'Institut psychologique n'a

pu constater aucun phénomène où la fraude n'a joué aucun rôle, et la conclusion de son rapport est pour Eusapia un certificat contraire à ses espérances.

Comme l'écrit M. de Vesmes, c'est le néant ou à peu près (*Matin*, 28 mai 1908).

Je serai plus affirmatif, je dirai que ces séances, en constatant les fraudes ont prouvé qu'Eusapia était comme les autres médiums un faux prestidigitateur, C. Q. F. D.

Mais je dois critiquer ceux qui, en avouant qu'ils ont constaté beaucoup de fraudes, ajoutent qu'ils admettent comme vrais les phénomènes où ils n'ont pas vu cette fraude. Si la fraude n'a pas été constatée par eux, dans ces cas, si le truc leur a échappé, c'est parce qu'ils sont complètement incompétents pour le découvrir, malgré toute leur science.

Je déplore leur parti pris de ne pas vouloir admettre ceux qui sont capables de les éclairer afin de mettre un frein à l'audace des charlatans.

Vous voyez d'ici ce médium qui prétend, par son simple fluide, faire soulever les tables les plus lourdes sur lesquelles on place un poids de 20 kilogs, et qui a besoin d'un cheveu pour abaisser le plateau d'un pèse-lettre. Quelle est donc la crédulité de ceux qui après avoir été témoins de ces jongleries discutent encore la possibilité d'une force qui *pourrait peut-être arriver à les produire?*

Pourquoi lorsque le Professeur *Binet*, Directeur du laboratoire de psychologie à la Sorbonne, leur a offert de faire contrôler ces expériences par des prestidigitateurs n'ont-ils pas accepté?

Sur cette proposition de faire constater par des prestidigitateurs il y a encore des réserves à faire, car il ne suffit pas de faire des tours d'adresse, d'être manipulateur de premier ordre ou de vendre des appareils de prestidigitation pour être capable d'aider les savants dans leur contrôle. Beaucoup de prestidigitateurs pourraient assister à ces comédies sans grand danger pour les acteurs — tel Jacob avec Slade — et les médiums roublards pourraient encore, comme ils l'ont fait déjà, s'appuyer sur des prestidigitateurs absolument incompétents ou intéressés pour crier victoire. Je constate que chaque fois que ma présence a été signalée dans un milieu spirite les phénomènes ne se sont pas produits et que la prudence a toujours fait qu'on ne m'a pas convié à ces réunions, ce qui ne m'a pas empêché d'y assister incognito et sous différents déguisements à l'insu des organisateurs, dont la défiance n'avait pas été mise en éveil et où ma documentation a été fructueuse.

J'ai été très étonné que les sociétés d'études spirites, psychiques, métapsychiques, etc., etc., qui se prétendent fondées pour faire des études et déclarent n'avoir aucun parti pris autre que celui de rechercher ce qui peut être vrai, en écartant les fraudes et les fraudeurs, n'aient pas non plus voulu avoir recours à ma compétence spéciale.

Voulant être fixé, une bonne fois, sur la sincérité de ces associations j'ai, un beau jour, demandé mon admission à l'une d'elles, spécifiant que ce n'était pas le professeur Dicksonn qui se présentait, comme sociétaire, mais que je demandais à en faire partie sous mon nom personnel de A. de Saint-Genois, désirant participer aux études comme simple particulier.

On a refusé mon admission, car c'était introduire le loup dans la bergerie.

J'ai alors compris jusqu'où allait l'esprit impartial de ces sociétés, et j'ai eu la preuve qu'elles faisaient le jeu des spirites.

Depuis, j'en ai eu maintes fois la confirmation.

MADAME DE X...
MÉDIUM AMATEUR

Je ne peux passer sous silence l'aventure arrivée à un savant que je ne veux pas nommer et qui se reconnaîtra en lisant ces lignes.

Un jour un médium-amateur, Mme de X..., qui ne se produit que dans son salon, et ne tire aucun profit du spiritisme, se contentant de se « payer la tête » de ses invités pour se distraire, donnait une séance de matérialisation.

Après la traditionnelle conversation, par l'intermédiaire du guéridon avec quelques illustres trépassés, toujours très demandés, et dont l'esprit n'était pas retenu, ce soir-là, dans d'autres salons où dans quelque officine louche, on fit la chaîne des mains et lorsque la lumière fut éteinte une véritable pluie de fleurs tomba sur les invités.

Ce soir-là la réussite fut complète, chacun emporta un souvenir de l'au-delà et la maîtresse de maison fut charmée des marques d'étonnement et d'admiration de ses amis.

Mais surprise extraordinaire, en rentrant chez lui l'illustre savant trouva après une rose, attaché par un fil de fer, un joli papillon de satin sur les ailes duquel brillaient en lettres d'or... l'adresse d'une fleuriste parisienne en renom.

Le lendemain il se rendit chez cette dernière et put se convaincre qu'en effet les fleurs venaient de chez elle et non de l'au-delà.

Vous croyez que ce savant fut corrigé, non, il mit cela sur le compte d'une fraude inconsciente, et 8 jours après il retournait chez Mme de X..., en gobeur incorrigible, assister à de nouvelles matérialisations.

Après cet exemple de crédulité on peut laisser tomber le rideau sur le défilé des médiums et passer aux conclusions.

LES MÉDIUMS DE THÉATRE

Je ne crois pas devoir parler des artistes qui présentent au théâtre des expériences de spiritisme : la main qui frappe, le poids lourd et léger, le coffret aux coups frappés, le sifflet et le cadenas spirites, la cabine mystérieuse, etc., etc.

Le public lui-même se rend compte que ces expériences n'ont aucun rapport avec l'au-delà et qu'elles constituent une série d'illusions appartenant au domaine de la prestidigitation.

Je ne suppose pas qu'aucun de ces artistes prestidigitateurs émette la prétention de se faire passer pour un vrai médium : ce serait déchoir, et au lieu d'être artiste se faire passer pour un fumiste.

CONCLUSION

Les champions du spiritisme aux abois sont bien forcés d'avouer toutes les fraudes des médiums ; elles sont indéniables. Mais au lieu de reconnaître loyalement qu'ils ont été trompés par ces médiums, ils ergotent. Pour eux ces fraudes, la plupart du temps, sont inconscientes, bien que les médiums aient apporté des accessoires pour les produire. Leur grand argument est celui-ci : Ce n'est pas une raison, parce que tous les jours on constate qu'un phénomène a été obtenu à l'aide de fraude, pour déclarer que les phénomènes n'existent pas.

Mais je leur répondrai que tous les phénomènes, qui ont été obtenus, sont faux. Par conséquent aucune preuve ne leur reste pour appuyer leur dire.

Non, la vérité est qu'ils sont entêtés et

n'avoueront jamais qu'ils sont des mystifiés. C'est chez eux un parti pris.

Ils se figurent que leur personnalité serait disqualifiée s'ils reconnaissaient loyalement, qu'ils ont, de bonne foi, soutenu une cause, mais que cette cause était mauvaise.

N'y aurait-il pas un plus beau rôle à jouer pour eux, en avouant franchement la vérité, en faisant catégoriquement justice de ces mystifications indignes de la vraie science? Combien j'admire ce savant qui me disait devant deux de ses internes : « Je suis devenu le grand mystificateur après avoir été le grand mystifié. Si j'étais plus jeune, je brûlerais mes vaisseaux. » Malheureusement six mois après, il mourait.

En voulant ménager leur amour-propre, ces scientifiques encouragent les propagateurs de ces stupides élucubrations, leur permettant de semer la mauvaise graine. Ils deviennent, à leur tour, coupables de complicité dans le mal causé par ces pratiques sur le cerveau humain, et l'exploitation qu'elle procure aux aigrefins, sans scrupule, qui se servent d'eux comme amorce et références pour exercer leur coupable industrie.

C'est aux spirites honnêtes que je m'adresse, car il y en a parmi ces égarés. C'est à eux que je demande de montrer de la grandeur d'âme en liquidant une bonne fois cette question.

C'est aux romanciers, aux écrivains que je ferai entendre le cri d'alarme. Je ne parle pas de ceux qui ont brillé par leur esprit et qui se sont adonnés aux pratiques du spiritisme dans lequel cet esprit a sombré. En lisant leur prose, les lecteurs ont constaté le progrès du mal et s'attendent, de jour en jour, à apprendre leur internement.

Je fais appel à ceux qui ont toute leur raison et qui font paraître des volumes dans lesquels ils font l'apologie de ces phénomènes. J'en ai un sous les yeux, d'un écrivain de grand talent. Je suis convaincu qu'il est de bonne foi, en disant qu'il croit à ces manifestations parce que quantité de personnalités, qu'il cite, ont affirmé les avoir constatées.

Il ne suffit pas qu'elles affirment avoir vu ces phénomènes pour qu'ils soient réels, car s'il est démontré que ces personnes ont été mystifiées, *ce que j'affirme et que je prouve*, toutes ces affirmations tombent d'elles-mêmes. Il ne reste plus que le mal causé par la lecture du roman, les lecteurs ne se doutant pas de la nullité des preuves qu'on lui expose.

Ces auteurs me font penser à une personne qui dirait qu'elle est fixée sur la création du monde, qu'elle a vu la reproduction exacte de cette création, et qui fournirait comme document incontestable... une bande de cinéma.

De grâce, messieurs les romanciers, attendez que la lumière soit faite avant de vous prononcer et de vous appuyer sur un édifice sans fondement, c'est le seul moyen de ne pas propager une vaste mystification.

Quant aux adeptes qui forment la masse, pauvres moutons de Panurge, il faut les plaindre : ils ne sont pas responsables. Ils ont eu la foi, ils ont cru, sans émettre le moindre soupçon, aux déclarations des savants. Ils ont empoisonné, petit à petit, leur cerveau en lisant les publications de propagande sur le spiritisme.

Ils n'ont pas contrôlé les faits qu'on leur a signalés, n'ont pas cherché à se rendre compte si les histoires qu'on leur racontait n'avaient point été arrangées pour les besoins de la cause.

Et cependant, tout en devenant les victimes de ceux qui les ont enrôlés, ils ont une petite part de responsabilité.

Croyant, ils veulent imposer leur croyance aux autres et propagent ces erreurs, en leur donnant continuellement des témoignages qui sortent de leur imagination ou qui sont colportés de bouche en bouche après déformation de la vérité à chaque étape.

Après avoir affirmé qu'une table tourne, ils n'hésitent pas à faire le nécessaire pour la faire mouvoir en trichant à leur tour, comme le joueur qui se croit honnête lorsqu'il peut profiter d'un avantage en jetant un coup d'œil furtif sur le jeu de son partenaire.

Pour ceux qui ont été gangrenés, que le mal a atteint, malheureusement plus rien à faire, que de constater leur décrépitude. La folie s'est emparée d'eux. Nombre d'intelligences ont sombré dans ce désastre irrémédiable.

Personnellement, j'ai un profond respect pour les savants qui dans le silence du cabinet, sans aucun but intéressé, cherchent à pénétrer le mystère de l'au-delà. Mais nous devons reconnaître, qu'*en l'état de la science actuelle* (comme me l'écrit monsieur de V...), *le spiritisme est une utopie*, personne encore n'ayant pu trouver la clef de l'inconnu.

Puisque nous sommes dans le doute, tout homme, sain d'esprit, qui affirme donc être en communication avec les morts est un charlatan, un homme de mauvaise foi qui mérite d'être cloué au pilori.

La question du spiritisme pour les matérialistes est liquidée, puisque, pour eux, rien ne survit.

Pour les croyants, cette doctrine est en opposition avec les Religions, car après la mort l'âme doit avoir une mission autre à remplir que d'être à la disposition de prétendus médiums.

D'ailleurs le Pape, sur la proposition des Cardinaux a, le 27 avril 1917, interdit les pratiques du spiritisme aux catholiques.

En présence de mes révélations les spirites, voyant l'effet produit sur le public par la constatation des fraudes des médiums, ont résolu d'abandonner ceux qui se font prendre en flagrant délit et de crier : Haro sur le baudet.

Dans leurs publications, ils insinuent qu'*il y a des gens qui exploitent les âmes candides, les douleurs avides de consolations et qui ne laissent dans leur sillage que des regrets, des déceptions et des ruines.*

Ils déclarent, avec jésuitisme, que ces gens sont de faux spirites qui vivent aux dépens du vrai spiritisme qu'ils contribuent à perdre.

Ils proclament qu'il est temps de cautériser la plaie. Ils veulent chasser les marchands du temple, supprimer les annonces des médiums, somnambules, marchands de talismans, etc., etc. Mais alors que deviendra leur commerce ? C'est la faillite !

Une seule chose échappe à leur esprit malade : c'est le résultat final. Lorsqu'ils auront écarté tous ceux qui truquent il n'y aura plus personne pour défendre leur cause. Nous aurons assisté au suicide du spiritisme.

En résumé, j'affirme après avoir fréquenté tous les milieux spirites, pendant trente ans :

1° Que tous les phénomènes auxquels j'ai pu assister étaient faux et produits à l'aide de trucs appartenant au domaine de la prestidigitation, et souvent même d'artifices plus grossiers ;

2° Que tous les médiums ont été surpris en flagrant délit de fraudes, par des personnes de haute notoriété scientifique ; mais n'ayant pas la compétence suffisante pour les découvrir toutes ;

3° Que tous ceux qui étaient aptes à pouvoir les empêcher ou les constater ont été systématiquement écartés des séances ;

4° Que les théories soutenues par les médiums sont plus absurdes les unes que les autres et qu'il faut être doué d'une grande naïveté pour être leur dupe.

En conséquence, je déclare que je considère le spiritisme comme une mystification pour le passé et une utopie pour l'avenir.

Cependant, comme je ne suis pas un entêté,

je m'engage à reconnaître publiquement mon erreur et à faire amende honorable le jour où un vrai spirite, s'il en existe un sur la terre, laissant de côté tous ses boniments, sa mise en scène et ses jeux de lumière, aura accepté de produire, sous mon contrôle le plus absolu, un phénomène réel. Ce qu'il n'a pas fait depuis quatre ans que j'ai jeté ce défi. Ce qu'il ne fera pas. Ce qu'il ne peut pas faire sous peine d'être démasqué.

Je m'estimerai très heureux si la publication de ce volume peut empêcher quelques personnes de devenir les victimes des exploiteurs de la crédulité publique.

Si, sans intention, j'ai froissé involontairement quelques susceptibilités, je m'en excuse.

En tout cas, je désire qu'on ne pense pas que j'ai poursuivi un but de haine ou de jalousie en l'écrivant, mais un désir de rendre service à la cause de l'humanité et de la vérité, inséparables l'une de l'autre.

TABLE DES MATIÈRES

	Pages
1° Avant-propos	1
2° Aux lecteurs	5
3° Histoire du spiritisme	7
4° Allan Kardec	11
5° Cabinets spirites	16
6° Le sanctuaire	18
7° La fin du sanctuaire	23
8° Comment on amorce les naïfs	25
9° Philtres et talismans	28
10° Somnambules	33
11° Comment elles débutent	36
12° Mme de Thèbes	39
13° Prédictions sur la guerre	45
14° Comment on cherche à les défendre	47
15° Comment elles opèrent	49
16° Existe-t-il des voyantes	57
17° L'art de faire obéir et d'endormir les autres	59
18° Guérisseurs	63
19° Exploitation honteuse	68
20° Comment mes yeux se sont ouverts	70
21° Le spiritisme et la raison	72
22° Les dangers du spiritisme	86
23° Médiums et prestidigitateurs	90
24° Pourquoi mes conférences	93
25° Intervention inopportune	98
26° Comment ils trompent les savants	105
27° Crédulité	107

TABLE DES MATIÈRES

28° Comment les spirites truquent les documents	110
29° Comment on les juge	113
30° Les tables tournantes	119
31° Un défi	124
32° Coups frappés	130
33° L'Oui-jà	133
34° Revue des médiums	135
35° Qu'est-ce qu'un médium	137
36° Les Davemport	141
37° Home	143
38° Valentine et de Rochas	146
39° Le médium de Sarak	147
40° L'Anglais Craddock	151
41° Eldred	154
42° Slade et l'Écriture spirite	155
43° Spirites de foire	159
44° Carancini	161
45° Linda Gazzera	163
46° Florence Cook	166
47° Photographies spirites	168
48° Le Petit indien	173
49° Lucia Sordi	176
50° Miss Williams	178
51° Miller	180
52° Le fantôme B. B.	181
53° Eusapia Paladino	185
54° Mme de X..., médium amateur	200
55° Médiums de théâtre	203
56° Conclusion	204

DU MÊME AUTEUR

1893. **Mes trucs.** Un volume de 224 pages, illustré de 68 gravures avec préface de maître Fontaine de Rambouillet (Epuisé).................. 3 fr. 50

1900. **L'Oracle de 1900.** Récréation amusante 0 fr. 60

1911. **Trucs et mystères dévoilés**, un fort volume de 286 pages, illustré de 70 gravures, avec biographie de l'auteur. Spiritisme, Magnétisme, Transmission de pensée, Illusion, Prestidigitation, Grands trucs .... 4 fr.

On peut se procurer **Trucs et mystères dévoilés** en envoyant un mandat de **4 fr. 50**, au professeur Dicksonn, villa du Sphinx, à Arnouville-les-Gonesse (Seine-et-Oise).

Le professeur Dicksonn sera reconnaissant à toute personne qui lui adressera des documents sur les sujets traités dans ce volume.

DIJON. — IMPRIMERIE DARANTIERE

www.ingramcontent.com/pod-product-compliance
Lightning Source LLC
Chambersburg PA
CBHW051913160426
43198CB00012B/1868